破术拆招识诈骗

胡冬鸣　编著

中国财经出版传媒集团
中国财政经济出版社

图书在版编目（CIP）数据

破术拆招识诈骗／胡冬鸣编著．—北京：中国财政经济出版社，2018.9

ISBN 978－7－5095－8517－7

Ⅰ．①破…　Ⅱ．①胡…　Ⅲ．①金融－诈骗－预防－中国　Ⅳ．①D924.334

中国版本图书馆 CIP 数据核字（2018）第 208322 号

责任编辑：李　冰　　　　责任校对：李　丽
封面设计：孙俪铭　　　　封面漫画设计：周　荥

中国财政经济出版社出版

URL：http：//www.cfeph.cn

E－mail：cfeph@cfeph.cn

社址：北京市海淀区阜成路甲 28 号　邮政编码：100142

营销中心电话：010－88191537　北京财经书店电话：64033436　84041336

北京富生印刷厂印刷　各地新华书店经销

880×1230 毫米　32 开　5.875 印张　125 000 字

2018 年 10 月第 1 版　2019 年 12 月北京第 2 次印刷

定价：35.00 元

ISBN 978－7－5095－8517－7

（图书出现印装问题，本社负责调换）

本社质量投诉电话：010－88190744

打击盗版举报热线：010－88191661　QQ：2242791300

作者写在前面的话

如果对“诈骗”一词进行解释的话，其应该是指以非法占有为目的，用虚构事实或者隐瞒真相的方法，骗取数额较大的公私财物的行为。钱财诈骗并非新鲜事，从古至今始终就在我们身边时隐时现，而且在个别年份也呈现过高发态势。各种类型的钱财诈骗有的沉寂多年后花样翻新、有的则刚刚兴起并带有点陌生感。从相关数据显示来看，在 2017 年最高发的三类电信诈骗中，男性受害者占 40% 左右，女性受害者占 60% 左右。骗术中，冒充客服类骗术主要以网购退货为借口；冒充查案类骗术多以恐吓为主，因此女性被骗的可能性更大些。在最高发的三类网络诈骗中，男性成了主要受害者，占 70% 左右，女性受害者占 30% 左右。贷款类诈骗中，那些有贷款需求的男性成了骗子最大的“客户”。但随着近年来打击力度的不断加大，诈骗案件数量和市民财产损失数额一降再降。但狡猾的骗子也在潜心钻研骗术“版本”，将“冒充查案”、“冒充客服”两类骗术从 2016 版升级到 2017 版。在旧版冒充查案诈骗中，骗子只是冒充公检法、社保、医保等工作人员，以受害人涉及法院传票、洗黑钱、医保卡透支、电话欠费等为名，要求将钱转至“安全账户”。而到了新版本，骗子虽然不变“开场白”，但在后续诈骗过程中玩花样：向受害人发送“通缉令”、“财产冻结令”、“最高人民检察院”网站地址等，通过语音指令，诱导受害人登录查看“案情”。由于这些虚假把戏上的照片、身份信息完全正确无误，因而受害者往往深信不疑。骗子冒充检察官，询问受害者自身资金情况，进而要求受害者立即将分散资金转至同一张银行卡内，做到一次性捞条“大鱼”。网购骗术中，骗子经常在受害人收到货品数周甚至两三个月后，才给受害人打电话，称其购买的商品有质量问题，可以“帮忙退款”。此外，骗子的“台词”还有物流运输中发生车祸，导致货物无法寄到，可退款。好在针对这类骗术，“凡是接到自称快递公司主动向市民群众理赔的电话，都可认定成诈骗电话”。2017 年，涉及演唱会门票的诈骗 67 起。这类诈骗中，受害者多为学生，在“抢票大战”中败下阵来后，“转战”微博、微信等社交软件寻票，从而被骗。涉及微信的诈骗案件中，除了常见的冒充微信好友借钱诈骗外，还出现冒充微信好友组群发红包、索取微信付款 18 位数字码、商家微信收款码被调包、找回微信聊天记录被骗等新型诈骗手段。2017 年，该类诈骗案件占网络诈骗总警情的 6.25%。骗子还会通过交友、相亲网站，编造“高富帅”或“白富美”的虚假身份，交往后再骗钱。以前的骗术中，骗子多以家中变故、生病、买车票等理由要求受害者转账。而 2017 年多起征婚交友诈骗中，骗子自称“联合国退役军人”“美国大兵”，又是发“继承合同”又是发“生活照”，称有一笔巨额补偿金要委托受害者代为保管，要求受害者多次支付“包裹费”“保证金”等费用，从容实施诈骗并得手。

编写这本小册子的初衷是向广大的农民朋友和城镇居民普及一些诈骗防范的基础知识，提升大家对诈骗手段的辨识能力。这本小册子对现有的已经出现的钱财诈骗按照诈骗手法或者诈骗对象重新进行了归集和分类，并对受骗人的心理动机或者受骗的缘由进行了分析。这样做能使广大读者在熟悉骗子手段的同时，更加对我们自身有一个清醒和客观的认识。2016年公安部曾经对已经发现的诈骗方式进行了总结，归纳提出了48种诈骗方法。但时至今日，我们发现其中有不少是有着重叠的特点。因而在这本小册子里，我们更加倾向于将这些诈骗手段重新进行归类研究，这样更加便于读者观察其作案特征、心理特征、产生根源。现实中，骗子的诈骗手法始终是在不断翻新，而且诈骗领域也在不断拓展，这需要我们不断适应和及时总结防诈的新花样和新手段。当然还要顺便说一句，研究诈骗本身也会促使我们在这个领域不断自省，从而得到不断提升和进步。

作者写于融科香雪兰溪

2018 年 5 月 17 日

目　录

1. 只要你在“刁蛮”的借款合同上面签字就意味着未来可能要承担相应的不利后果

对于广大还未步入社会的农村大学生来说，“小额”和“无抵押”曾是风尚名词与新鲜事物，自然也都想尝试一番。可正是这种快速便捷的来钱方法，却让象牙塔中的“山村雏鸟”利滚利无止境，可能短短几个星期要还的债就已经不可控制了。小额无抵押贷款原本是指不需要任何抵押物，只需身份证明、收入证明、住址证明等材料，就可以向银行或者其他金融机构申请的小额贷款。其放贷银行或者其他金融机构往往会根据个人的信用情况来决定发放贷款的具体数额，利率一般稍高于有抵押贷款。但近年来，各种形式的“小额无抵押贷款”几乎成为诈骗的重灾区。特别是搭上媒体网络的迅速发展快车，小额无抵押贷款犹如难以管束的泥石流一样闯入人们的生活与经营活动之中，特别是一度还渗透到了大学校园的生活中。路边灯柱、告示栏、门边小卡片、网页广告、甚至一些正规上架的 APP 里都能看到小额贷款的身影。银行小额无抵押贷款早期是政府支持农户发展的金融产品，后来扩大至以个人或家庭为主，贷款金额基本在 20 万元以下。小额无抵押贷款是微小贷款在技术和实际应用上的延伸，本身无可非议。但经过一些不法分子的加以利用，披着正规贷款的外衣，实则成就了地下钱庄的高利贷，专门坑骗大学生特别是陷入还贷困境的个人。

晓慧是沈阳某大学的大二女生，最近被一些催款的电话和短信弄得心力交瘁，也没有心思上课。2016 年 10 月 18 日中午，在家属的陪同下，她来到沈阳市公安局沈北分局道义派出所报警。“我是被骗贷款的，当初一个学姐找到我，说给我找点兼职，没想到现在我欠了一屁股债。”贷款还不上不说，还屡遭不明电话催款，当初承诺给其还款的“学长”还了一半之后也“消失”了。本想利用课余时间“刷单”挣点零花钱，却不想自己学生身份被人利用贷款接近 2 万元。情急之下，她想通过报警寻求帮助。据晓慧讲，今年 1 月份的一天，一名学姐找到她说给她介绍“刷单”的兼职，不费劲就能挣到钱。没过几天，这名学姐就将自己当时的男朋友曹某介绍给了晓慧。曹某是一名做校园贷款的代理，也是同校的大学生。“他当时说挣钱特别容易，只要拿给他身份证、学生证，每完成一单就能挣到 100 块钱，不用我做任何事。”没过几天，曹某和其他人就拿着两份合同来找晓慧让她签合同，一份是分期借款合同，另一份叫“嗨钱”的金融借款合同，两份合同都是用来购买苹果手机。在众人劝说“不会有任何事”和曹某保证帮其还款的情况下，晓慧在两份合同上签了自己的名字。后来，晓慧成功地在两个校园贷平台办理分期借款购买手机，也收到曹某给她的 200 元“刷单费”，但是，分期贷款购买的手机并没有到她的手里，事实上她也不清楚利用她的身份买的手机到底去了哪里。

事后经算账得知，这两笔借款分别是 560 元 ×12 期和 788

元×12期的分期付款，每个月都要在平台上还1 000多元，总额16 000余元，加上手续费（利息）接近2万元。一开始，曹某都会通过微信转账的形式，每个月给晓慧打款，让其自己还款。过了大约半年后，曹某打款开始不准时了，晓慧要多次催款后才会收到曹某的钱。到后来，曹某就开始找借口不给转账了。“他说，里面的人出事了，会找其他方法来解决此事，可就是不提钱的事。”就这样，晓慧收不到曹某的钱，自己的生活费也不够还款，只好拖欠贷款。“现在有三个多月的钱没有还，有3 000多元，一家分期平台的人打来电话说，不要利息了，只要本金，可是我这也还不上。”还不上贷款的晓慧，开始频繁收到从全国各地打来的催款电话和短信。在一条催款短信中，还称晓慧已经涉嫌金融诈骗近期将收到法院的传票，于10月20日开庭审理。晓慧在担心害怕之余，并没有其他办法，只有一个劲地给曹某打电话，可是对方已经不再接听她的电话了。更令晓慧意想不到的是，催款电话打到了远在大连老家的父亲那里。一顿责骂之后，晓慧已经没有了主意，于是选择到派出所报警。但警方却因不构成刑事案件而无法立案。理由是：第一，晓慧同借贷平台确实签订了借款合同，都有晓慧本人的签字，合同本身是合法的；第二，晓慧称曹某涉嫌诈骗，但是晓慧也承认曹某给她钱还过款，并没有一开始就不还或者消失，并没有构成诈骗；第三，警方建议晓慧找到曹某本人，处理两个人的经济纠纷问题，如果曹某本人不配合的话，晓慧可以向人民法院起诉曹某。看来，晓慧只有先还款再解决与“学长”之间的经济纠纷了。

通过“无抵押贷款”借了6万元钱，没想到这却是骗子设下“连环套”！最终滚雪球般变成46万元，还威胁要收房产！2017 年 6 月初的一天，刚出校门不久的姜先生通过银行短信通知得知自己有一笔 4 万元的信用卡债务本月到期，急于还债的他忽然想起街面小广告上面的“无抵押贷款”几个字。既然是无抵押放款，我还会有什么负担，不就是多出几个利息钱吗？关某找到了这家号称可以提供无抵押贷款的公司。这家公司自称“厉总”的负责人厉鹊德在核实完姜先生的房产信息后，称马上就可以借款。但是姜先生若借款 6 万元，一共要还款 10 万元才行。不过比较麻烦的是，姜先生以往有过多次的信用卡到期未还的欠费记录。贷款公司的厉鹊德以“信誉不够好”为理由，要求姜先生得签下一份“阴阳合同”才行。也即真正的合同中，双方约定欠款 6 万元及相对较长的还款期限；而另一份合同中，书面欠款数额竟达 17 万元。对此，这家放贷公司的工作人员解释道：“如果不能按期归还 6 万元，就要履行 17 万元的合同，这是对姜先生的一种约束。”同事还要求姜先生将名下房产进行“网签”，以此冻结姜先生交易房产的可能性并作为另一种“约束”。6 月 3 日，这家公司的工作人员韩某将 17 万元划入姜先生的银行账户，并和姜先生一起到银行现场取出现金。在扣除了实际借款的 6 万元以后，姜先生将其余的 11 万元归还给了韩某。同一天，他们还一起到房产交易中心进行了网签，姜先生房子的网签“买家”也是这个韩某。6 月底，姜先生依然感觉到资金的“窘迫”。放贷公司找上门来威胁称：如果还不出，他们公司就会拿着这张写有 17 万元欠款的借条将他告上法院，姜先生必须还出 17 万元，否则他的房子就会被法院冻结并强制拍卖。一听说拍卖房产这个说法，姜先生立马慌了神。这时候，贷款公司的“厉总”给姜先生出了个“主意”，介绍朱某等人为他“平账”：

由朱某等人代为偿还姜先生欠“厉总”的欠款，朱某和姜先生再签更高额的欠款合同。与此前和“厉总”签的合同一样，姜先生和朱某同样签署的也是“阴阳合同”，其中虚构的合同债务竟高达46万元。与此同时，姜先生还签了一份自己房屋的“租赁合同”：“除了签自己的名字，其他地方全部是空白的。”这一次，朱某手下的人再次如法炮制，通过银行走账46万元，其中10万元归还“厉总”，姜先生只拿走1万元，其余35万元都归还给了朱某。7月底至8月初，朱某等人开始通过各种方式催促姜先生还债。朱某等人不仅有姜先生亲笔签署的46万元欠款合同，还握有姜先生签下的自家房屋长期租赁合同，及银行取款的相关记录，这让姜先生百口莫辩。由于此前姜先生已将房屋“网签”至韩某，这让他连卖房套现的可能性也没有了。几经折腾，最终姜先生只好选择了报警。姜先生不是唯一的受害者。警方从相关的110报警和举报信息等入手，目前初步查证的被害人已达30余人，有人借款6万元，经过4个月后不得不还款76万元。9月9日，江门公安部门出动警力，一举抓获厉鹊德、韩某、朱某为首的三个犯罪团伙及江门虹民房地产经纪有限公司负责人姚某等30余名犯罪嫌疑人，涉案金额超千万元。

经审查警方发现，从2014年开始，这三个团伙就开始对外以“无抵押贷款”为名诱使被害人向其借款，并专门针对有房产的被害人。整个过程中，一些不法房产中介扮演了重要角色。在目前侦破的此类案件中，犯罪嫌疑人往往会通过中介公司租借网签密钥，将被害人的房屋进行网签，致其房产无法交易。公安部门查证发现，2017年1—7月有130余套房屋存在异常网签的情况，其中最多的一名嫌疑人竟然网签了23套房产。而与被害人签署的房产租赁合同，除被害人签名外其余信息全部空白。等被害人无力偿还欠款时，嫌疑人自然会纠结多人上门“讨债”，由于拿出的租赁合同上往往是租期长达二三十年，这让嫌疑人可以“合法”地长期霸占被害人的房产，转租以牟利。

两个事例有着共同之处，那就是遇到逼债的时候，两者的选择都有些“奇葩”，只不过前者选择了看似聪明的报警“消灾”，而后者则选择了继续进“土匪窝”。其实，晓慧被骗的原因除了缺少必要的法律法规意识以及家长的及时关注关怀外，主要的原因还是觉得借贷这件事与“自己”并无关联，只要是有人“托着”，风险并不会真正降临到自己身上，况且周围这么多的同学都在做而且都赚到了“实惠”，也没看到有什么“灾祸”出现。而到了还贷风险出现的时候，晓慧并没有意识到自己当初在“借贷合同”上面签字是自己的真实意思表示，是要负法律责任的。因而债逼得紧了之后，晓慧想到的还是求助警方“消灾灭火”的办法，并没有想到自身应该承担什么责任。猎人捕鸟从来都是放点小食做诱饵，小鸟自然不会想到有个巨大的网正在等待着它。“贪小利”往往会让许多自己觉得很聪明的年轻人上当受骗。还是那句话有道理“天上不可能掉馅饼”！需要强调的是，两个事例中的借款合同都是当事人本人签字，并且当事人晓慧与小姜也都是成年人，具有完全民事行为能力，这就表明签字时当事人是知情的，这个借款合同合法有效，晓慧也应该按时还款。而姜先生应该注意的是正规的小额贷款公司放款是通过公司账户汇出，借款人在与贷款公司签订借款合同时，要注意资金出借方与公司名称是否一致。此外，发现自己的房产被网签，要首先向住建委及房产交易中心核实，合法维护自身权益。

无抵押贷款由于不需要任何抵押物，只需身份证明、收入证明、住址证明等材料，因而放贷银行需要根据个人的信用情况来掌握是否发放并有着贷款额度的控制，而且利率也会稍高于有抵押贷款产品。但混迹于江湖的许多网贷公司由于可以跨地域经营小额贷款业务，因而其是否规范经营很难进行约束，而且这类公司还有可能根本就没在工商部门注册登记，甚至没有办公地址，也无法提供真实的公司营业执照和个人身份证。这些贷款公司的广告信息中一般只提供手机号及联系人，出事后往往关机了事，但通过手机号码查询可看出发布者多集中于国内少数几个省份。由于放贷条件容易，不需抵押也不需查看借款人收入情况，基本上是一个身份证就可以贷款，因而很容易让“饥饿”多日的借款人上当受骗。当求贷者动心后，骗子们自然会利用各种理由要求先收取“利息、律师费、核实费、保险费、手续费、保证金”等一堆费用开支，而当求贷者付费后，发现骗子的手机就再也拨打不通了。“贷款”也放了鸽子。不少受骗者连放贷公司的真实名称、有关人员的真实姓名，甚至连对方住在何处都不知道。事例中，姜先生由于是急于拿到钱来消灾解困，很有些“有病乱投医”之感。稍有法律知识的人都知道，在阴阳合同上面签字等于就是承认了对自身不利事实的存在，而自身房产的“网签”和长期租赁合同的签订，等于自动将自己的房产处置权拱手交到骗子手中，给日后的债务解除和诉诸法律埋下了无尽的“祸端”。姜先生的问题不是由于其刚出校门而缺少相应的社会经验，而是当今社会上不少人的“侥幸”心理：既然是无抵押，骗子又能拿我怎样。房子在我手里，骗子你又搬不走。我会有什么损失？

而骗子也是抓住了这些人贪小便宜而专门设置了轻易不能解脱的“圈套”。冷静下来思考此事，骗子的手法并不高明，也没有什么科技含量，只要你有些生活常识就会意识到“阴阳合同”绝对是个陷阱。姜先生在此阶段刹车“止损”，其实还不至于惹下祸端，骗子也会及时收手。但姜先生着急了，拿不到钱前面的债窟窿就堵不上。只是他事后才明白，债是越借越多，总有他还不上的时候。

2. 借款阴阳合同不受法律保护

家住北京的出借人姬殿晨向借款人张添财放款 160 万元，约定月息为 3%，高于银行同期贷款利率的四倍多。为使债权受到保护，张添财和姬殿晨针对同笔贷款重新拟定了一份借款合同，并进行债权公证。2017 年 9 月 3 日，借款人张添财、抵押人王沙权与出借人姬殿晨又签订了民间二次借贷合同，约定姬殿晨向张添财发放贷款 160 万元；贷款期限 3 个月，月息为 3%。为确保张添财能够履行所谓的还款义务，张添财找来好友王沙权自愿以其所有的本市房产抵押给姬殿晨，抵押期限同样为 3 个月。次日，王沙权与姬殿晨在房屋登记机关共同办理了抵押权设立登记。2017 年 9 月 15 日，张添财与姬殿晨到公证机关办理借款合同公证，但并未公证之前签订的民间二次借贷合同，而是对重新拟定的一份借款合同申请公证，其中利率和借款期限均有变化，抵押人王沙权误以为是之前看过的合同，就在尾页签字了。之后，张添财到期无力还款，姬殿晨申请出具执行证书。公证机关在核实发款情况时发现，公证的借款合同是 9 月 15 日签订，但姬殿晨在 9 月 3 日就向张添财账户汇款 160 万元了，公证员询问先放款后公证的原因，姬殿晨隐瞒了双方之前签订的合同，谎称张添财急于用钱，就先打款，后办公证的。公证机关遂相信姬殿晨所言，出具了执行证书。后来法院执行中，抵押人王沙权发现公证的借款合同和自己手中的不一致，认为公证书内容与事实不符，随即向法院申请不予执行。法院审查后认为，根据出借人提供的放款证据表明，出借人姬殿晨与借款人张添财、担保人王沙权于9月15日签订的借款合同，与三方在9月2日签订的民间二次借贷合同均是指向同一笔借款，即9月3日的160万元。但是，就此同一借款事实，民间二次借贷合同与借款合同在借款利息、借款期限、违约金标准等合同的主要内容上约定并不一致，由此造成两份合同项下债务人、担保人的义务范围并不相同。而从还款记录看，姬殿晨与张添财明显是按照第一份合同的利率履行的。双方实际上并未按照公证的借款合同履行。而本案中的担保，实际上是依据前一份借款合同办理的抵押，在两份合同内容存在重大差异的情况下，不能认为设立在前的担保效力及于签订在后的借款合同。据此，本案中存在履行的合同未公证，公证的合同未履行的情况，属于公证书内容与事实不符，应当不予执行。

现实中，夺走一位老人的房子，需要什么？一份合同，一份委托书，两份公证书，就足够了。签订阴阳合同、伪装成“以房养老”、而后就是纠集打手强占房产。近两年来，不少城市都多次出现给老人设局骗取房产的事件。“可能我死了才能消停了，他们也就消停了。”76岁的刘雅芝老人坐在床上，颇为无奈的自言自语。2016年1月底，为了给在外地工作的亲戚筹钱买房，家住北京东城区灯市口的刘雅芝签订了一份“以房养老”协议，随之便失去了房产。老人原本以为她所借的是3个月，月利率4%的借款，但从公证处调出来的合同却不是这样。“当时跟我说的不是抵押借款，是以房养老。”说起自己的遭遇，刘雅芝忍不住抹眼泪，“我是中午在公证处签的合同，他们都在催，说老太太你快签，你还不相信我们吗?”事实上刘雅芝所签署的，正是与打着聚美嘉新“负责人”身份实为王影个人的房屋抵押借款合同。公证处还公证了刘雅芝对聚美嘉新另一“员工”身份的钱怀的委托书，但刘雅芝事后一直咬定这份委托书是对方伪造的。并声称字迹不是我的，也没有我的手印摁在上面。但她的身份证、户口本也交给了对方，至今拿不回来。应该是一式两份的合同，刘雅芝手里一份也不持有。2016 年 8 月，签署完毕后，对方提供给刘雅芝 150 万“以房养老”的钱，刘雅芝感觉自己用不了那么多，就只支取了 50 万，剩下的 100 万元，则由对方借给了一个叫王鑫的人。后来刘雅芝觉得这件事有些不对劲了，咨询过律师后决定从公证处调取合同查阅。那天找了 40 分钟都没找到，当时带刘雅芝去公证处的亿隆汇诚的俩人却到了，我以为是碰巧就没在意。结果当刘雅芝调出材料后，这两人却上前询问老人干什么来了。“我说我有些东西不明白，拿点材料回去让人给看看。我要走他们就不让我走，让我去他们单位。”刘雅芝坚持不从，回到小区时，楼下已经聚集了十多个壮汉。等刘雅芝上楼后，这些人尾随着跟着上了楼，指着刘雅芝骂得特别难听。刘雅芝报了警，警察询问何事，对方称刘雅芝欠钱不还。“我说我怎么借你们钱了，我房子押你们那儿，你们给我 50 万，不是以房养老吗?”刘雅芝还在据理力争。2016 年 12 月 9 日，刘雅芝的房产被过户给聚美嘉新。2017 年 2 月，刘雅芝在律师建议下去国土局进行了不动产异议登记，使得聚美嘉新无法转卖房产。之后，便又有一批人来闹事，刘雅芝报警后双方被带去派出所。刘雅芝在派出所待了三天三夜，饿了两天多，街坊跟她说别回来了，家里又来人了，把你家的电表、有线电视全弄坏了，冰箱里的食品撒了一屋。刘雅芝的房子被对方强占了。

2017年4月4日，家住东城东四十条的吴芝丽已经85岁，这把年纪已经不可能从银行借到钱了，为了给亲戚看病筹钱，吴芝丽以自己在大兴的房产作为抵押，向北京亿隆汇诚投资管理有限责任公司借款200万元。大公司就是大公司，很正规的。从来没有签过任何合同的吴老太太这次真是第一次被人捧着看到了“真货”。签合同时老太太的女儿胡图图也在现场，看着一摞摞的文件感觉就像看天书一样。而老人家则在工作人员的指导下在每份文件上面认真地签着字。欠债还钱，人家就是要求一个保障，我们把房子做抵押也正常，自然就没多想。吴芝丽所持两份合同中，一份是民间抵押借款合同（200万元，3个月，利率未填写，出借人未填写，借款人吴芝丽），一份是房屋抵押借款服务合同（出借人王影，借款人吴芝丽，服务方北京亿隆汇诚投资管理有限责任公司），吴芝丽根据合同将房产证、身份证复印件、户口本复印件等交给服务方管理。这两份合同，均只有吴芝丽一人签字。而胡图图事后从公证处调出来的合同则是一份抵押借款合同，本金200万元，期限1个月，月利率1.86%，双方签字，并附有强制执行条款的内容。2017年12月，由于胡图图去公证处办别的事儿，顺手调了一下这个合同，才发现合同内容与实际情况对不上。而当时，胡图图已按照乙方所持合同偿还了110多万的利息。“如果真是1个月能倒腾出200万元，我何苦跟你借高利呢？如果真是1.86的利息，我早就还清了。所以这合同根本说不通啊！”让胡图图弄不明白的是，当时公证处并没有拿出跟这次借款相关的所有公证文书，直到房子在2018年1月被过了户，胡图图才知道，被公证过的还有一份委托书，其内容是委托一个名叫钱怀的人全权处理这套房子的有偿转让事宜。钱怀正是凭着这份委托书，在吴芝丽不知情的情况下，办理了这套房子的过户手续，将这套100平方米的房子以360万元的价格卖给了北京聚美嘉新商贸有限公司，如今这套房子已经被卖给了第三人。而根据工商注册资料显示，出借人王影正是亿隆汇诚的法定代表人。而据胡图图了解，钱怀则是该公司的风控员工。“我们家房子也是被十几个人占了，家里贵重物品全都被他们转移到一个平房去了。上次法官跟我们一起去拿，连法官都被打了。”胡图图后来无奈的说，吴芝丽当时签过的收款条上面居然写着款项是房款。胡图图始终不明白的是，“我要是卖房，我干吗还借钱啊?”但胡图图最终弄清楚了一件事，那就是一开始都以为是跟公司签的合同，后来才知道是跟王影个人签的合同。

2017年8月10号，家住丽泽桥世纪家园小区的独居老人章雀新接到一个诈骗电话，自称是其远房亲戚，急需用钱。老章由于离开家乡多年，特别信任家乡的人，在没和儿女做任何商量的情况下，两个月内连续多次给人家总共汇了17万元。骗子还跟他要，章雀新这回急了，说没钱了，而电话那头的骗子就说你可以拿房子抵押去借。老章先去丽泽桥附近的银行网点打听借款，因为利息太高便作罢。结果有人尾随他回家，向他介绍了亿隆汇诚，接下来就是熟悉的套路：签合同、办过户。你要说老章还真是实在得过了头，人家说快签他就签，人家说做什么他就做什么。网签、转账，老章是一个不落。第一套房子11月10日网签成功，11月16日，北京华盛泰吉商贸有限公司就拿到房本儿了。事后老章的女儿章斯莉说，直到

12 月 15 日，父亲单位打电话来说她父亲要卖名下的第二套房，她才知道前面的事情。因为老章的住房是央产房，需要开一个证明，单位的人就跟我们家人核实。而老章两套房子的房产证、户口本，什么都没了。十好几号人来房子里轰人，动手打起老章儿女，家里也被折腾得一塌糊度。泼酱油，在卧室床上拉屎，老章一家实在受不了，只能走了。章斯莉报了好几次警，可是警察来了也没用，房产证上现在确实是人家，真是没办法。

上面几个事例中，经查所执行的合同与真实情况并不一致，因而诉诸法律后法院会不予执行。阴阳合同本身属于违法行为，必然无法得到法律的支持和保护。具体来讲，第一，阴阳合同中的阳合同因不体现当事人的真实意思而不发生法律效力。第二，阴合同是当事人的真实意思表示而认定为有效合同，阴合同只要内容合法，同样受到法律保护。第三，如果利用阴阳合同实施违法行为，或者以合法的形式掩盖违法的目的，则不仅伪装的阳合同无效，被伪装的阴合同也因内容违法而无效。而对公证债权文书赋予强制执行效力，这是国家强制力在公证活动中的体现。由于公证高效、便捷的特点，公证债权文书强制执行制度在服务实体经济、规范民事经济活动，保护当事人合法权益，减少法院诉讼压力等方面发挥了重要作用。但在现实中，债权人为了赚取高额利息，债务人为了尽快借到钱，往往约定一份高利率、高违约金的合同，而由于这种合同属于违反国家对于民间借贷利息标准的规定，往往无法办理公证，双方就会在这份合同之外，拟定一份看似符合法律规定的合同，用这份合同去办理公证。这种情况属于公证的债权文书并非双方真实履行的合同，因而以其内容为依据作出执行证书，必然与真实情况不一致，也就失去了公证的意义。王影后来在庭审过程中回应称这些借款都是他个人名义出借，与亿隆汇诚公司无关。但是，这无法解释受害老人银行卡的资金流向：刘雅芝、章雀新的银行卡上有多笔高额转账流向亿隆汇诚股东吴春男，并且，这些不在老人手里的银行卡中均有王影等人的巨额资金转入转出。而“获得”老人委托过户房产的，均是亿隆汇诚的股东吴春男或风控员工钱怀。老人房产过户的对象是聚美嘉新和华盛泰吉两家公司。而胡图图的问题是被公证过的一份委托书他并不知情，其内容是委托一个名叫钱怀的人全权处理这套房子的有偿转让事宜。而钱怀正是凭着这份委托书，在吴芝丽不知情的情况下，办理了这套房子的过户手续，将这套房产卖给了北京聚美嘉新商贸有限公司。事实上刘雅芝所签署的，也是与王影的房屋抵押借款合同。公证处也同样公证了刘雅芝对钱怀的委托书，尽管刘雅芝事后一直咬定这份委托书是对方伪造的。但她的身份证、户口本确实是交给了对方且始终也拿不回来。几个事例中，只有姬殿晨申请出具执行证书后被公证机关在核实发款情况时及时发现了问题并进行了纠正。张添财是最幸福的一位当事人。其他几位当事人则还需要动用法律资源进行维权。虽然对借款的阴阳合同不予保护，但他们（她们）真的打起官司来还有着漫长的路要走。

3. 对于自己不熟悉的相关操作规定千万不要贸然尝试

生活在福建晋江的小梁大学毕业只有半年多，看到周围的年青人许多都是有房有车，自己也萌生了自主创业赚钱的想法。但是一个从大山深处考出来的穷学生手头缺乏资金不说，也难和家里再张嘴要钱。2017 年 4 月 16 日，网上的一则广告还是让小梁下定决心去赌一把。“贷款预期年化利率最低 0.75%，承诺不收取任何中介费用。同样的额度、同样的三步申请，一分钟就可迅速匹配信贷经理。门槛更低、费率更低、品种更丰富。建议大家办理唔得网贷款!”小梁的心痒痒了。跟对方微信联系后，对方让小梁提供了身份证和银行卡等个人信息，之后又以银行审查为由获取了小梁的微信和支付宝账号信息。没过几日，对方回复小梁可以贷款 7 万元，但是一开始只能授信 1.1 万元，之后再提额。提额的条件很简单，需要在贷款银行的关联商户有交易记录，每消费 1 000 元可提额 10 000 元，并发来了一个商户的二维码。小梁急着用钱，于是扫了这个二维码，转了 6 000 元到对方指定账户上面。没想到钱转了过去，小梁就被对方拉黑了，没多久那个微信号直接关闭了。小梁发觉被骗，于是选择了报警。民警经过侦查，发现犯罪嫌疑人取款地点都是在泉州周边，并很快锁定湖南籍犯罪嫌疑人邢某。2017 年 5 月 7 日上午 5 时许，邢某在晋江陈埭的租房内被民警抓获。事后得知，犯罪嫌疑人邢某并非第一次作案，在他的微信中，还有很多人跟他联系。邢某交代，以办理快速贷款为由实施诈骗，先后有 6 个人受骗，骗了 3 万多元。目前，邢某已经被警方刑事拘留。

家住天津河西区的王女士这几天怎么也乐不起来了：王女士在解放桥旁边经营着一家书报亭，两天前的中午，她有事情出去了一趟，书报亭就交给了自己七八十岁的婆婆来看管。谁知平时中午基本没有生意可做，而这时恰恰报亭外突然来了一个小伙子，要买三百块钱的移动充值卡，而且用微信支付。中午一点多钟的时候，婆婆打电话给王女士，问王女士钱收到没有，王女士急忙核对自己的微信账单记录，发现并没有这笔钱的进账记录。而电话那边的婆婆也急了！王女士怕婆婆急出事来，赶紧安抚婆婆说："妈妈，别着急！别着急！"王女士赶紧跑到报刊亭一边安抚婆婆一边琢磨着事件发生的过程。"当时，他按按按，还给你看！谁知都是假的哪？"原来，这个小伙子当着老婆婆的面经过了一番扫码后，又是比划又是摁键，而后小伙子就给王女士的婆婆看了一下他手机上的付款证明，随后就离开了书报亭。但是让人感到奇怪的是，虽然那个小伙子手机上显示已付款，但是王女士的手机上却迟迟没有收到转账。刚开始王女士还以为是自己手机出了问题，但是后来一问才晓得，其他的同行也遇到过相同的情况。事后王女士讲"昨天，我们这个群里头又发生了这个事情了，许多朋友都反映扫码被骗了，我们大家都惊起来了！现在买充值卡一定要现金，不要微信了！"按说微信顶多两三分钟就收到钱了，怎么王女士却一直没收到钱。王女士和她的同行们都已经向自己所属的派出所报了警。警方在调查中发现，像王女士这样遇到的情况，其实在全国各地都屡见不鲜。而骗子所使用的手法是将自己手机的微信头像和二维码换成了店家的头像，从而蒙混过关，还有的更是使用手机软件直接生成截图软件，欺骗商家。

张女士是广西玉林一家水果店的店长，前些时候，一个小伙子在她店里买水果，并选择微信支付，结账时虽然小伙子手机显示已经付款，但是张女士手机却一直没有显示收款。张女士看了看小伙子的手机心里面嘀咕着：二维码图像中是我的头像没错呀？金额也是276元没错呀？事发时由于后面还有顾客要买东西，所以张女士也没有过多去核实收款，等她发现小伙子突然消失了的时候，才意识到，自己可能被骗了。原来，骗子是把微信号改成了和张女士一模一样的微信号，一个人购物扫码，一个人分散张女士注意力。两个人没花一分钱就把店里的东西拿走了。

2017年12月26日，重庆渝北两路经营着一家小网吧的柳部竹正在玩着手机，突然接到自称贷款工作人员的电话，说其有笔巨额贷款未归还给银行。随后对方通过微信给柳部竹发了一个二维码，让其验证贷款材料真实性。柳部竹感到疑惑，就用微信扫一扫功能打开了该二维码，上面显示的是一家珠宝公司的转账信息，柳部竹没有理会。谁知过了几分钟，柳部竹接到短信提示，微信绑定的银行卡里总共4 300元钱被转走。柳部竹立即联系这名“贷款工作人员”，问他是不是把自己的钱转走了，对方没有正面回答，只说4 300元会在三到五个工作日后回到柳部竹账号。第二天上午10时，柳部竹由于银行卡里没有钱，又急于去修车，于是叫好友通过微信转账方式转了3 000元到微信钱包里。这时“贷款工作人员”又通过微信发送了一个二维码给柳部竹，并说扫码后就将 4 300 元归还。急于得到钱的柳部竹信以为真，再一次通过微信扫码，上面显示的是同一家珠宝公司的转账信息。后再联系对方时，对方电话干脆关机不接了。柳部竹意识到被骗了，才拨打 110 电话报警。这个微信二维码最终导致柳部竹被对方骗走了 7 000 元。

家住北京将台路附近的小温最近有些不知所措了：他在出地铁口时遇到不少美女们主动过来，让他扫码加她们的微信，至今单身一人的他原本想着终于可以和妹子们聊天，要好好把握机会，升华一下和妹子的关系，最好解决自己单身这个问题。谁曾想主动发出的信息，妹子们基本都不回，好不容易等到有主动联系小温的都是推销产品和服务。这让小温觉得情何以堪、陷入了深深的忧伤。小温不相信自己能被骗入圈套，而且那些过来主动让他加微信的美女们，一个个都是那么彬彬有礼、温文尔雅。小温仔细回忆着："不好意思，打扰您一下，我正在创业，希望您能扫码关注我一下。""我是 × × 大学的学生，正在做一个创业项目，您能扫码关注我一下吗？""您好，扫一扫加关注，免费送礼品。"其实，这群人就是俗称的"扫码一族"。那么，这些请求扫码的年轻人，真的是创业者吗？扫码关注后，他们究竟会做什么？而扫码关注后又会有什么风险呢？事实上，"扫码一族"一般服务于白手起家的创业公司，目的是为了增加粉丝数量。你一旦扫码，成了他的好友，他就会把你当做隐性客户，不定期向你推销公司的产品，大部分都是保健品、营养餐以及面膜护肤之类的产品。这也是一种新兴的工作，虽然可能看似扫码的人并不多，但是这简单的工作背后，利润非常丰厚。据相关从业者透露，他扫一个码最高时能拿到 3.5 元，最少能拿到 2 元。他们工作没有固定时间，工资是照扫码量开，有时一个月能够赚到2万元！如果“扫码一族”真的都只是单纯地为了推销产品，那问题就简单了。因为你可以屏蔽朋友圈，或随时删除好友即可。但是，现实中有的二维码是存在问题的，你不小心就会中招了！因为二维码本身有猫腻，有些扫码会自动安装木马，从而使银行卡资料被窃取，资金被盗刷。还有些二维码背后还可能是个恶意APP的下载链接，待你扫码后，会给你的手机下载一个恶意APP或假冒网购、支付应用的APP，一旦在这类APP上输入支付账户密码，资金就会被盗刷。不少人因扫二维码可以免费获得首单，因而往往会吸引一些贪小便宜的人关注，扫码后给你一个钓鱼网址，一旦你进行注册购物进行付款时，骗子就会盗取到你的交易密码。

现在是科技手段不断推陈出新的年代，但涉及到金融业务的软件及其硬件设备操作，大家还是长点心眼，熟悉后再去使用。骗子和普通人的衣着打扮没有区别，很难去区分他们。但我们自己应该坚持以下的二维码坚决不扫：第一是带有礼品性质的二维码坚决不扫，由于大部分扫二维码的活动，都会送些价值不高的礼品。很多人一开始是拒绝的，但是发现有东西白送后就心动了，二话不说就扫二维码。这种小便宜还是不占为好！面对扫描二维码打折优惠促销等活动信息，要小心识别，谨慎扫描！就算真要扫二维码，也要问清来源，确保无安全隐患后再下手。第二是百万大奖二维码坚决不扫。如果你被这“百万大奖”诱惑，顺手扫描了，按照提示下载APP软件。很可能，不到一天你的信用卡就被盗刷了。用户在扫二维码前，应核实来源，选择正规途径及商家发布的二维码，不要扫来源不明的二维码，切勿冒然输入个人账户、银行卡号信息。第三是陌生人求帮忙的二维码坚决不扫。有些“朋友”会拜托你为他们刷网店的信誉，并承诺你能得到10%的佣金。但是你一旦按操作步骤进行后，会发现微信钱包里的余额全部不翼而飞。生活中不要轻易通过扫描二维码访问网站、提交个人信息，在必须扫描二维码时，最好选用专业扫码工具。第四是拉粉借口求支持的二维码坚决不扫。因为借口初创企业做活动的二维码扫描同样存在隐患，泄露个人隐私不说，还可能被转走网银账户里所有的余额。

浙江台州新河23岁的小赵是一名微商，在朋友圈里做“海淘”颇有些小名气。2017年6月24日上午11时，一名昵称“美娟”的女孩加了她的微信。一番交谈后，“美娟”表示想买一只眼霜，小赵推荐了一款价格是290元的眼霜。很快，与“美娟”的一单生意就谈妥了。小赵让“美娟”通过微信红包将钱转过来。“美娟”称微信转账支付金额超额了，让她发一个二维码，扫码付款。没多想，小赵就发了一个收款码给她，但“美娟”说这不对，让小赵进入微信钱包首页，将付款码的二维码发给她。小赵其实也是一个刚刚使用微信支付的“雏”，二维码这个东西还真是不太内行，但急于做成这笔交易的她想都没想就发过去了。事后小赵说，第一次“美娟”说超时，让再发，第二次发过去说网络不好，又发了一次，一共发了三次二维码。等小赵发完验证码后，再联系“美娟”，已经联系不上对方。小赵慌了，此时短信提醒她微信绑定的农业银行储蓄卡分三次，每次500元，共1 500元已经被转走。

其实这里就是一个微信支付的规定问题，当微信支付交易金额小于1 000元时（支付宝的免密金额是2 000元），对方通过特定收款工具即可扫描你的付款码扣款，不需要密码！前提当然是你先展示了自己的付款码。当然，付款码会不断动态更新，被扫过一次后将会失效。事例中，小赵搞不清楚收款码与付款码也需要说明一下，使用收款码时，点击微信右上角的“+”，进入“收付款”—“我要收款”，就会出现一个二维码页面。收款码长期不变，别人无需加你好友，扫二维码就可以向你转账。而使用付款码时，则须要点击微信右上角的“+”，进入“收付款”—“向商家付款”或者，打开“钱包”—“付款”。付款码通常由一个条形码+一个二维码组成，且是动态更新。商家用专用的设备扫一扫，支付过程就完成了。有些朋友又会担心起来：付款码对1 000元以内的交易免密支付，那消费安全该如何保障呢？建议设置手势密码非常安全，就算他人拿到你的手机也无法进入钱包进行消费。当你输入手势密码之后展示出来的条形码+二维码，可用于向商家付款，但仅限自己使用，切勿截屏分享。

不少朋友都认为在银行营业大堂里进行资金转账操作肯定就是安全的了，其实也不然。家住北京三元桥附近的郑来财在2018年1月里的一天，来到家附近的银行网点在自助柜员机上面进行取款操作，事完准备离开的时候，看到迎面走来两个陌生的男子且看上去十分着急的样子。两位陌生男子诉说他们是一起在北京打工的老乡，老家来消息让他们赶紧回去有急事要办，但他们总共一行五人买火车票需要28 000元，而ATM机单日取款限额是20 000元，还差8 000元没着落，而柜台取款又排着老长的队，眼看时间已剩不多了，看郑来财能不能提供一些帮助！其中一名陌生男子笑着对老郑说，“我把8 000元钱转到您的银行卡上面，然后您再取出款给我就行了，当然作为酬谢，我给您多转10元钱，您看如果行就真是解了我们的燃眉之急了!”这名男子千谢万谢，当着老郑的面向老郑的银行卡里转了8 010元。郑来财则赶紧取出8 000元现金给了对方。两个陌生男子一边连声“谢谢!”说个不停，一边迅速离开了银行的营业大堂消失在茫茫的人海中。过了几天，郑来财的孩子结婚要买钻戒，老郑到银行取钱时才发现账户里根本就没有那8 010元。老郑急了，银行柜员帮他仔细查阅了账单记录，就是没有这笔钱!“怎么回事?我当时眼看着这笔钱进了我的卡!”原来，按照人民银行的最新规定，从2016年12月1日起，除向本人同行账户转账外，个人通过自助柜员机(含其他具有存款功能的自助设备)转账的，发卡行在受理24小时后办理资金转账；在发卡行受理24小时内，个人可以向发卡行申请撤销转账。本事例中，诈骗分子在操作完转账后，又在24小时之内撤销了，所以造成了郑来财的实际损失。如果老郑当时询问一下大堂的工作人员怎么操作，就不会上当。

细想上面这些事例，骗子手段层出不穷，咱们的防骗觉悟更要随时刷新。如今在家门口，连卖油条的都在桌上贴个二维码，都在使用电子支付。但是方便快捷的同时，也会滋生诈骗，技术花样是五花八门。对方说付过钱了，你可千万别信他的手机，你要看自己的手机是不是收到了款!使用二维码时，要使用官方渠道APP扫码软件，并要仔细核对信息，确认二维码安全有效。对陌生的二维码不要随意扫码，对常见的二维码也应保持适度警惕，并同时保管好自己的付款二维码。自己的手机上最好安装一些正规安全软件，防止不法分子将病毒嵌在二维码里，盗取公民个人重要信息。

4. 冒充领导的诈骗屡屡让人招架不住

2017 年 3 月 17 日，家住合肥泗水路的朱女士正在外面跑业务，突然接到了“领导”的电话。电话那头的人说他是朱女士单位的老总，并一口报出了朱女士的名字。因为是刚到单位不久的新职工，朱女士还真没有领导的联系方式。但是从声音来判断，朱女士觉得还“蛮像的”，而且号码显示区域归属又是合肥，于是，她就相信了。“领导”告诉朱女士，他正在外面接待贵宾，现在需要包两个红包给贵宾，让朱女士赶紧去财务拿钱送过来。朱女士接到电话后很着急，正打算往单位赶。没想到“领导”又来电话了。这次领导则说他已经来不及了，让朱女士先用自己的钱到银行汇款到他的卡上面，然后拿着票去单位报销。慑于“领导”的压力，朱女士只好顺从，她来到最近的桐城路一家银行，向“领导”的账户汇去了 15 000 元。刚刚汇过去，朱女士再回拨那个电话，已经显示“暂时无法接通”。回到单位一查，她才知道领导根本没有给她打过电话。

其实，骗子在朱女士那里得手，是利用了下属对上级的敬畏心理。2017 年 3 月，仪征连续发生多起冒充领导、朋友等名义实施的电信诈骗案件，案值 13 万元。仪征市公安局接到报警之后，迅速成立专案组，经过一个多月侦查，4 月 26 日晚，警方在广东省茂名市电白区一宾馆内成功抓获了 3 名犯罪嫌疑人。原来，2017 年 3 月，仪征某单位的工作人员小张接到一个陌生手机的来电，自称是他的领导。“小张，10 点钟来我办公室一下。”接到电话后，小张有些迟疑地询问是哪位领导。没想到对方语气十分强硬，“你是不是才到单位，没听出来啊！我都亲自给你打电话，你还不知道是谁啊！”小张正准备到领导办公室时，又接到了“领导”的第二个电话，称办公室来了两位领导，要他稍等 5 分钟。在小张等待的过程，电话再度响起。“两位领导是我请过来办点事的，本来约好下午过来的，但他们早上突然过来了，也没给我通知，我什么也没准备好，财务科科长刚刚出去，你现在身上有现金吗？带了多少，卡上还有多少？你现在赶紧找两个信封弄好，给我打电话。”小张听后深信不疑，就在准备取现金时，“领导”又来电了，称办公室人太杂不好收现金，怕有影响，让小张到银行把钱打到卡上面，“领导”很快就将账号发了过来。同时，“领导”还提醒他汇完款后拿上小票，下午到办公室“领导”会还钱给他。就这样，小张汇出了 2 万元钱。汇款后，小张回到办公室和财务科长说起“领导”借钱的事情，科长却说“领导”不可能借钱的。小张再拨打“领导”的手机，对方早已关机再也联系不上了。仪征市公安局接到报警之后，迅速成立专案组。3 月 28 日，专案组就到广东省茂名市电白区，经过一个多月走访、侦查才掌握犯罪嫌疑人的动态。4 月 26 日晚，在当地公安机关配合下，专案组在电白区当场抓获了犯罪嫌疑人。经初步审查，3 名犯罪嫌疑人都是 90 后，都有 3 年多的吸毒史，诈骗得来的钱全部用于吸毒和挥霍了。同时，3 名犯罪嫌疑人还交代，他们在全国范围实施电信网络诈骗案件 150 起，案值 160 多万元。

"我是税务局的领导，明天上午到我单位来一趟，有事找你。"2016年5月18日前后几日，位于东莞的凤岗镇接连发生几宗电话诈骗案。有的冒充政法机关，有的冒充亲朋好友，还有冒充领导进行电话诈骗，最多的一宗被骗10万元。一家私企老板刘胜平汇款两次后发现被骗并随即报警。接到报案后，凤岗警方对几宗涉案金额达到立案标准的案件展开调查。据办案的徐警官介绍，警方根据汇款账号，跟踪到广州一家银行的ATM机，随后根据多方面调查，最终在一家银行ATM机前，将取款人吴某抓获，并从他身上搜出300多张银行卡，吴某本人并非汇款账号的开户人。而5月19日凤岗一家企业老板刘胜平所汇出的10万元，早已经在第一时间被吴某转入5张不同省份的银行卡，随后的调查证实，这些卡也都是盗用他人身份证开设的银行卡，而这些银行卡上的10万元钱，早已经在不同省份的ATM机上被人取走。根据吴某身上的线索，6月13日，办案民警在广东省茂名市麻岗镇抓获了转账核心中介朱某，并发现朱某日常生活中所使用的一张银行卡上，收到的金额高达800多万元。此外，根据吴某的交代，6月14日，另一组办案民警在广西桂林将涉案的3名转账中介抓获。据办案民警徐警官介绍，至案件初步侦结，从朱某银行账户半年800多万元的"收入"流水中，专案组共核实了其中的43宗，案值400多万元。其中，受到这个电话诈骗团伙的坑害，河南受骗3宗，安徽受骗1宗，重庆受骗1宗，广东省内受骗38宗。珠三角地区中，广州受骗的20宗案值200多万元；深圳受骗8宗案值70多万元；东莞受骗2宗案值37万元。尽管实施电话诈骗的嫌疑人没有归案，但从警方调查了解的情况来看，实施电话诈骗的团伙现在已经分工很细，有专门实施电话诈骗的打电话人；有专门在后台指挥转账的核心中介；有从不同银行卡最终取现后汇款给核心中介的小中介；还有在全国各地负责帮助取现的取钱人。徐警官介绍，这些人相互都不认识，只是通过电话和外号沟通交流，甚至这个诈骗江湖内也十分讲究“信用”，“取钱人、核心中介、分支中介收益均是诈骗金额的百分之二；剩余大部分的诈骗所得最终将返还给实施电话诈骗的人。警方分析，从这个分配比例来看，实施电话诈骗的人数较多，尽管成功是小概率事件，但一旦成功，通常都所获不菲，这也是违法分子敢于以身试法的重要原因。而分析受害人多数都为年龄偏大的男性，有一定经济实力，而且一个共同特点就是，多数受害人在接到诈骗电话的时候，恰好正在找人办事，有求于人。接到陌生电话号码来电，对方还没有表明身份，自己就已经主观认为对方是自己需要求助的人，主动称呼对方为某领导、某同学、某亲戚，才给了对方可乘之机。实施电话诈骗的人，经常都会利用当事人的各种心理，防止当事人去核实情况，像当事人账户涉及案件机密；冒充亲友的说因嫖娼被抓，不想让其他人知道；或者冒充领导的，当事人往往不方便去核实。但如果当事人遇到这类电话时，真是想办法去核实一下，基本上就不会上当受骗的。

2016 年 7 月 7 日，在北京某写字楼工作的王小姐正在海南参加工作培训，下午接到老家安徽的一个陌生号码，对方一上来就说是她的领导，王小姐根据声音首先想到了公司的陈总，“陈总”随后说这是他的新号码，要王小姐记下。第二天上午，“陈总”再次打来电话，说自己正在托人办件很重要的事，但对方不收现金，自己出门急没带银行卡，想让王小姐转几万元到对方的银行账户里，事后自己再还钱给王小姐。碍于对方是自己的上司，不好拒绝，王小姐就答应了。“陈总”一开始说要3万，之后又说要5万，最后加到9万，王小姐没有丝毫怀疑，前后总共给对方汇去9万元。直到事后王小姐才察觉不对劲，再拨回陈总原来的电话，一问才知道自己被骗了。但是同在一座写字楼工作的刘萌萌早上上班时也收到了一条短信，她拿起手机一看，一个新号码跳了出来，对方自称是单位的王总，并写道“原号码暂停使用，请惠存该新号码！”刘萌萌当时正在赶着打印一份文件，也没多想就回复了“好的。”但是没几分钟，王总就发来短信“我有件事请你帮助处理一下，我要给朋友汇一笔款，但不方便直接汇，想先汇给你，你再汇给他。”既然领导发话，下属自然要听。刘萌萌痛快的答应着“您汇多少钱?”王总发来信息“8万元。”接着又发来一个银行账号。刘小姐二话没说，赶紧到附近的银行网点。但是恰巧这天来银行网点办事的人特别多，刘小姐取了号只得坐在椅子上面耐心等待着。周围的人有不少在闲谈着这几天遇到的骗子短信骗钱的信息。刘小姐似乎感觉有些不对劲了，她拿起手机给王总的原手机号拨通了，求证是否有汇款的事宜。手机那边传来的王总的声音：“什么汇款?好好工作！不要偷懒!”刘萌萌挂断手机，惊出一身冷汗。

其实，骗子的招数也很容易攻破。接到电话，骗子说明天早上来我办公室一趟，有事情要说。你如果要问办公室在哪?他就会说你连我的声音都听不出来了吗?如果你一直说听不出来，骗子就会说那改天再打。如果你说是听出来了，随意说是什么马总、李总、牛总、王总，骗子都会说是的。接下来，骗子就说明天到他办公室，一样的你随便说办公室在101、1201、2201，骗子都会说是的。最后，骗子会说明天早上让你给他打电话再说。一般到下午下班的时候，骗子会再打个电话，一般是为了试探的，看你识破骗局没，如果你还是配合骗子的话，那么骗子就把你列入重点客户了。电话里会说：明天不要忘记来我办公室。你问要带什么不？骗子说不用。当然不用了，因为办公室就是虚构的，根本就没有的。再次打电话就会是第二天早上了，问你到公司没有，如果你说到了，就会说他正在跟两个客户谈生意，让你等会再去，到时候会再给你打电话。而过个十几分钟会继续给你打电话，说跟客户谈好了，不过需要给客户送礼。问你方便给客户打钱不，还会说钱你放心，等会去他办公室给你现金。到这时候才知道这个骗局是骗你什么了，如果你继续配合的话，骗子就会给你银行卡号了。骗子一直利用是你领导的身份让你信服，然后给你提出要求，一般是到最后一步才会提出让你打款的。骗子也是碰运气，如果你真的信了，那你就会真打钱了。与其他诈骗方式不同，此类诈骗，骗子多是在掌握了机主的基本信息后，拨通电话直接叫出机主的姓名及身份。再就是利用了受骗者对上级领导的敬畏心理，而部分人平时很少与领导接触，甚至连领导的名字都不知道。在此也提醒大家，不要盲目听从“领导”电话，要保持清醒头脑，通过正确渠道核实人物身份、电话号码以及事情真伪。值得注意的是，不管对方冒充的是老板、警察、法官还是亲戚朋友，最后一旦提到汇钱，那就是诈骗无疑。

5. 中奖就是中招

近些年来，随着电视台一些综艺节目的热播，有意参加场外互动节目的年轻人也随着多了起来，而骗子也开始将魔爪伸向了这个领域。童子林是一名刚刚大学毕业不久的年轻人，工作之余常常在自己的宿舍里观看一些高收视率的综艺节目。2016年4月16日，小童收到一条短信，是号称“奔跑吧姐妹”节目的工作人员发来的中奖短信，称小童的手机号码中了二等奖，并随即发来一个领取4万元奖品的指定网站。小童参加工作以来还是头次中了大奖，大有“天上掉馅饼”的感觉，他急急忙忙登上这个指定网站，按照页面要求填写了自己的身份信息并拨打了对方的电话。过了两天，对方打来电话，称领取奖品要交保险费和个人所得税，共计8 000元。童子林信以为真，赶紧赶到单位附近的银行网点，将8 000元汇到了对方指定的银行账户，银行工作人员提醒他是否认识对方，小童那叫一个不高兴，自称和对方已经认识多年，对银行柜员的提醒也是不屑一顾。小童手里拿着汇款凭证兴冲冲的又给对方拨通了电话，对方称奖品第二天就会快递寄出，请他耐心等待查收。小童一听，高兴极了！可是十几天都过去了，奖品的影子也看不到。童子林这下可急了，电话和短信不停的催着对方，而对方让他再耐心等等。又过了数日，对方的手机显示了停机状态。童子林感觉自己是上了当，随即到派出所报了案。

2016年5月23日，南宁王女士的家人在回家的路上捡到了3张刮奖卡，回家刮开发现其中一张居然中了二等奖，奖金28万元。这简直像是天上掉下个大馅饼来，王女士将信将疑地拨通了刮奖卡上面标注的兑奖电话号码，然后按那边要求把名字、身份证号码、银行账号一并发了过去，可这之后，那边态度骤转冷淡，她忐忑地等了两天，可怎么也没等来这28万元。王女士自言自语嘀咕着"奖票是我妈回南宁的时候在路边捡到的呀？三张红彤彤的'刮刮卡'，我妈讲见蛮好看就捡回来要给孙子耍着玩。我见后一张张刮开，其中两张写着'祝君好运'，但有一张刮出了四颗星，翻过奖票背面一看，四颗星是二等奖，28万元支票一张！"讲起当时的情形，王女士还颇有些激动不已。而仔细端详这几张奖票，奖票上注明这是河北星际科技发展有限公司为了回馈客户，回赠社会而举行的大型公益福利抽奖活动，正面右下角是刮奖区和密码区。奖票背面则是兑奖说明，一等奖1名，价值58万元的宝马汽车一辆；二等奖5名，28万元支票一张；三等奖50名，价值9 800元的苹果电脑一部；四等奖300名，价值300元的自行车一辆；纪念奖1 000名，价值100元纪念品一份。王女士打电话过去咨询此事，那边告诉她这是公司针对购物客户开展的抽奖活动，王女士很幸运中了二等奖，领奖的方式有两种，一种是直接到保定去领，另一种是发身份证号码和银行账号过去，他们可以直接转账到你的账户上面。王女士心想，看来这三张奖票应该是跑长途运输的客车司机掉下车的，这下给她捡到了，真是赚了。直接去保定领，太远不方便，发身份证号码和银行账号过去，她又有点怕被骗。王女士的心里那是一个痒痒。她犹豫了，说一时找不着卡，晚点找到再回电话。之后那边打了两次电话过来，都是很热情地催王女士快发身份号码和银行账号过去，王架不过他那么热情，后来就把名字、身份号码和一张工商银行的存折账号通过短信发到了他指定的手机号上面。他说奖金不能马上兑现，得等第二天开奖，开奖后奖金会打到王女士的账号上。5 月 26 日是开奖日，可王女士忐忑地等了一天，都没等来转账电话，到傍晚的时候她又打了个电话过去，接电话的人态度冷淡，叫王等明天再说。27 日中午，她还是没等来电话，打电话过去那边又说等下午看看。王女士越等越焦急，可等了一下午还是没音讯，她特地从会仙坐车到南宁查银行账户信息，一查还是之前的 4 元余额。王女士心有不甘，她先是发了条短信过去，问对方是不是骗子，对方没有回复。她接着又打了电话过去，刚提“骗子”二字，那边糊弄了两句就粗暴地挂了电话。后来，有人帮助王女士在国家工商总局登记企业信息查询系统中查询“河北星际科技发展有限公司”也是无此公司信息。

目前，对于“你中大奖了”这类老套诈骗短信，很多人已经见惯不怪了。但最近，骗子又使出了新招，如果用户拒绝汇款，不法分子将再次发送短信，称用户将会收到法院传票，甚至会被“逮捕拘留”。不法分子首先群发中奖短信，诱导用户与其联系。一旦用户联系领奖，不法分子以先交“税费”、“保证金”或者“手续费”为名要求用户给其汇款。如果用户拒绝汇款，不法分子会再次发送法院通知短信，以“协议解除”为由恐吓用户，声称要“逮捕拘留”用户。用户拨打电话后，骗子则要求用户向其账号汇 2 000 元协议解除款。据媒体报道，四川省广元市居民何某接到了通知自己“中了‘中国好声音’二等奖”的陌生短信。他随即打开中奖信息提供的网页链接，填写了个人资料并提交。随后系统通知他只有交5 000元的保证金才能继续兑奖，何某没有理会。但是在5天后，一个自称“北京法院工作人员”的来电告诉何某，因填写了个人信息却未领奖，占了中奖名额，如果再不领奖将被起诉。心生恐惧的何某按照对方的要求把5 000元的“保证金”汇到了指定账户，后又在这名“法院工作人员”的威逼利诱下，再次去银行将16万元“奖金”的“个人所得税”3.2万元汇入了对方的指定账户。不过，当对方声称何某因领奖时间过期，须再汇5万元“解冻费”时，何某才意识到自己上当受骗。这种新型的诈骗手段其实就是“中奖诈骗”的升级形式。近年来随着防范电信诈骗宣传越来越普及，短信通知中奖等诈骗手段市民几乎已经不再会相信。于是，不法分子开始借着用户拒绝汇款为由升级诈骗手段。

身处厦门的诈骗集团屡屡打电话通知被害人“中奖”，并以缴纳公证费、保险金、税金等借口层层设套，骗取被害人钱款。这种并不高明的诈骗方式居然成功作案30余起，非法获利人民币100余万元。年过7旬的汪老伯自退休以来，小辈孝顺，老两口的退休工资又比较可观，日子过得还算小康。可是获得意外之财对于老人来说依然是一件令人兴奋的事。2016年底的一天，独自在家的汪老伯接到了一个年轻女子的电话，甜美的声音开头就问：“你这里的电话号码是05922191 ××4吗?”“是啊。”老伯有些奇怪。“我是三路集团的职员，我们公司为庆祝营业额超百亿和2017年的新品推介，在广州国际会展中心举办面向全国的电话号码电脑随机抽奖活动。恭喜您中了二等奖，奖品是本田飞度轿车，价值98 000元。”“真的?”汪老伯有些不相信自己的耳朵。年轻女子立即补充道：

“我们的中奖信息已经在央视和广州卫视上播出好几天了，活动马上就要结束了，一直没有人来领奖，所以我们就打电话通知您。具体领奖事宜您可以拨打领奖中心咨询电话。千万不要错失良机啊！”电话挂了半晌，汪老伯还是不敢相信。直到老伴回来，两人一合计，决定先打个电话探探虚实。手机一拨通，从“张主任”的嘴里果然证实了中大奖的信息。“张主任”还十分热情的建议，从南宁到保定路途遥远，运输汽车不太方便，且汪老伯年事已高又不会驾驶，还是拿现金比较好。此言颇合二老心意。“张主任”忙又适时补充：要拿现金必须先予公证。欣喜中，汪老伯立刻又拨打了张主任所给的“公证处”电话。接电话的是一位自称姓“唐”的年轻男子，“唐先生”告诉汪老伯公证费是 980 元。980 元换 98 000 元，这笔账值。当天下午，汪老伯就到银行把 980 元汇进了“公证处”的账号。第二天，“张主任”再次来电：“公证费已经收到了，现在正办理奖金交付手续。按照规定，汪老伯还需要支付 20% 的税金和保险费，共计 29 400 元。”未及多虑，汪老伯当天就向“张主任”提供的另一个账户汇进了 29 400 元。几天后，“张主任”的来电将二老的喜悦推向高潮：“不好意思！汪老先生，由于我们工作的疏漏，错将您中的一等奖看成二等奖，一等奖的奖品是价值 28 万元的进口高级轿车！”汪老伯欣喜若狂，马上主动问道：“那还需要补办些什么手续呀？”“跟以前一样，还是那些费用，只是补交差价 54 600 元而已！”几天来，喜形于色的汪老伯在短短几天中三次到银行汇款，警惕的工作人员一连串的疑问点醒了尚在迷茫中的汪老伯：“您这是中的什么奖呀？怎么要缴那么多钱？不会是骗子吧？我们以前也遇到过类似的事情，您可要查清楚啊！”“骗子?！不会吧！”揣着满腹狐疑，汪老伯决定还是等等再说。两天后，当汪老伯再也打不通“张主任”和“公证处”的电话时，才悔恨交集地踏进了公安局湖里分局的大门。

只要花699元，就能获赠一部苹果6S手机，外加700元话费。这样的好事你信么？不久前，市民蒋先生接到一个显示地址为“深圳”的电话，称他的电话号码中了奖，只要支付699元，就可以获得一台苹果6S手机以及一张价值700元的话费充值卡。天上掉苹果手机？蒋先生信了，支付了699元，三天后他收到一个包裹，拆开一看原来是一部劣质的山寨手机，无法开机。随后，蒋先生向涟源市公安机关报警：华峰电子商务有限公司涉嫌诈骗。民警初查发现，该公司于2017年4月26日注册成立，法人代表廖军组织10余名员工冒充4G网络推广中心、深圳市邮政局、深圳律师事务所律师多个身份，以收取699元个人所得税，免费赠送苹果6S手机和700元电话卡为名义，向被害人寄送假冒、损坏手机或手机模具进行诈骗。该公司成立2个多月以来，先后诈骗受害人数百人，诈骗金额数十万元。7月11日，潍坊公安局刑侦大队成立专案组开展立案侦查。原来，2015年5月，犯罪嫌疑人张某等人在贵阳设立鑫宇杰商贸有限公司，而后在潍坊、绵竹、深圳设立11家公司，专门用于诈骗。涉案资金700余万元，涉案人员100多人，诈骗受害者上万人。8月23日，警方成功打掉以张某等人为首的电信诈骗团伙，端掉作案窝点10个，抓获犯罪嫌疑人150人，缴获电脑210余台、手机570余部，以及涉案车辆等大批作案工具，扣押、冻结资金90余万元。

几个事例的共同之处在于，诈骗过程环环相扣，团伙成员分工明确，作案手段熟练，有明显的职业团伙犯罪特征。发生在厦门的案子，犯罪嫌疑人落脚居民小区内三处窝点。诈骗团伙共分三个层次：第一层次为“大老板”；第二层次为“二老板”和“监工”；第三层次为“小工”，系8名被雇佣的福建籍年轻女子。由“大老板”提供电话号码段，“小工”每天依次拨打200至300个电话，按照“台词”假冒某国际大公司向对方“宣布中奖”并提供“二老板”即所谓的“中奖中心主任”的手机号码。此后，则由“二老板”负责联系被害人，层层设套诈骗钱财。所提供的所有电话都是虚假的、临时的。从中二等奖需缴纳公证费、税费到保险费，进而又将奖项提升到一等奖，要被害人补交差价……层层诱惑，将被害人步步逼近虚假的幻影里。中奖并非全不可信，但要区分真假善恶。而且根据有关规定，中奖公证一般在开奖单位开奖时即介入，公证费也应由该单位支付，现金奖一般由开奖单位从奖金里先行扣除有关税费后将余款交中奖人；对实物奖品，中奖人也可要求开奖单位先行代缴税费，再凭有关完税凭证向中奖人追索。此类案件多发生在白天，受害人群多为退休或下岗在家的中老年人。因此警方建议，中老年人遇事要多与家人沟通，不贪小便宜是防止被骗的唯一良方。而像王女士这样捡到三张刮刮卡奖票的印刷的款式、图像都一模一样，所购买的产品名称、价格、总价都一样，差别只有公司名称不同。而这些所谓的实业公司和抽奖活动其实子虚乌有，老百姓捡到这类奖票，除了自己不要上当发送个人身份证、银行卡信息外，最好将其撕烂销毁，以免他人再次上当受骗。需要说明的是，警方不会通过电话直接进行办案，如果您收到类似的短信也不要恐慌。如果无法辨识短信内容的真伪，可以第一时间报警求助。民警会根据具体情况协助市民进行鉴别。

6. 本想出名赚大钱结果是被骗“财空人消瘦”

想出名并非坏事，但要看自己的“体量”够不够，否则很容易被别有用心的人钻了空子而上当受骗。大家还记得2004年网络刚刚普及的时候，衍生了一大批著名的网络歌手，他们的歌曲在大街小巷中传唱着，而其中最为出名的歌莫过于杨臣刚演唱的《老鼠爱大米》。借着《老鼠爱大米》的热度，杨臣刚不仅开启了网络歌曲的时代，更是借着这个机会推出了首张个人同名专辑，并获得金曲奖。他还出演了歌曲同名电视剧《老鼠爱大米》以及出版小说《老鼠爱大米》。杨臣刚真正毫无保留的充分利用了老鼠爱大米的热度，实现个人事业的全面开花。在最忙的时候，杨臣刚一个月要跑的城市竟然多达六十多个，仅是演唱会就有三十多场。为团队赚取现金高达1.7亿元，要知道放在2005年按照当时人民币价值计算，购买力是十分可观的。当爆红的日子过得久了，人很难不膨胀。当一位熟悉的上海老大姐和他说，为了签约张惠妹和谭咏麟需要几千万资金周转。杨臣刚兴奋异常，连饭都没顾得上吃，抵押了家里的房子，拿着所有能够调动的资金跑到金融街给对方转钱。后来却发现对方只是个骗子，1 000多万元就这样打了水漂。

现实中，成为耀眼的明星是很多年轻女孩子的梦想。但在南京却有一位男子以经纪人身份行骗，自导自演一出骗局，2016年4名年轻女子被骗色不说，还被骗走了上万元的钱财。其中的小红当时只有22岁，正是人生最美的年纪，她羡慕明星们的生活一直想成为一个明星，于是小红想办法尝试了各种电视剧拍摄海选的面试机会。可没想到几年下来，自己也就演过一个跑龙套的角色。但小红始终没有放弃，并始终为明星梦努力着。她先是当了一名平面模特，接一些小广告的拍摄，希望有一天有人能看中自己去演戏。让小红没想到的是，不久后的一天机会还真的很快就降临在自己的面前，一个自称女模特经纪人的“女子”联系上了小红，告之自己是专门发掘影星的星探，在这个行当干了10多年了，不少人就是通过自己走红的。她告诉小红，看了小红拍的照片，觉得小红人长得很漂亮，很有当明星的潜质，询问她有没有意向和自己合作，她来找路子，小红按照对方说的做，出名了大家都有好处。这样的好机会放在谁的面前当然都不会放过，小红满口答应了对方合作的要求。没过几天这个自称经纪人的“张大姐”告诉小红，机会来了，有一个香港影视公司的高管要来内地几天，可以通过对方搞到一个不错的电影主角，但条件是陪这个高管几天。接下来经纪人张大姐在与小红的聊天里虽然没明说，但字里行间的意思小红还是能听的出要自己做什么，张大姐告诉小红只要陪好这个高管，不仅戏有得拍还能立马拿到一笔报酬。小红虽然犹豫再三，但最终还是为了出名咬咬牙答应了对方的要求。接下来小红按照张大姐的安排，给对方在南京某五星级宾馆开了一间房，而张大姐则将对方的名片发给小红，让小红与对方联络照顾好对方的饮食起居。小红看到对方的朋友圈里写了很多关于电影的东西，而且还有不少和明星的合影，小红是彻底踏实了，认定对方的身份不会有问题。但小红见到这个高管后，看到的却是对方穿着十分随意，并不像是什么有钱人。但随后经纪人张大姐告诉小红，对方已经预付了 3 万的定金，只要自己加把劲，还有不菲的小费可以拿，这让小红又惊又喜。之后 2 天里小红尽心尽力“服务”着这个高管，对方临走的时候告诉小红，钱已经转给张大姐，还许诺回香港后就会安排小红拍摄的事。然而，就在小红等着张大姐给自己转钱的时候，这个高管忽然又提出“自己来内地没带什么现金，准备买一点特产带回去，而他的信用卡也因为到期了没法使用。”小红当然明白了对方的意思，爽快借给了对方 10 000 元现金，而这个高管告诉小红自己回香港后立马会还给他。可让小红没想到的是，第二天这个高管就在微信中删除了自己好友，而那个所谓的女经纪人也不见了踪影，无奈下小红只好到派出所报警求助。等小红来到派出所报警，小红竟然发现自己并不是唯一的受害人。原来，当她和民警说完自己的情况，民警就告诉她警方已经接到与她情况一模一样的报警，在将对方提供的账号比对后，确定就是同一个人所为。一个多星期后小红接到警方通知，抓到了小红接待的所谓香港高管。同时警方在嫌疑人男子手机里发现了他针对 4 名女性实施了同样的诈骗，其中只有 2 人报过警，而其他 2 人都未向警方反映情况，警方在联系到另外 2 人时，有一人甚至不愿多提这件事便匆匆挂了电话。而嫌疑人男子告诉民警，他一开始也不知道这样能骗到钱，偶尔被拉到一个群听说女模特想出名的，就想出这么个自导自演的方法，通过几张合成与明星的合影行骗，没想到越骗越顺手就停不下来了。

大家会觉得现实中的小红实在是可怜。其实，自打王宝强火了之后，不少怀揣明星梦的年轻人的人生目标就是要成为“第二个王宝强”。公交站牌、电线杆上“直招演员、急招群演”的广告，似乎让这一目标变得更近。但更多人不知道的是，这些广告背后可能深藏着一场场的骗局。因为广告中所谓的演艺公司基本都是私人运作的黑心中介，没有工商执照，打着为影视基地输送演员的旗号来圈钱。“剧组直招演员，低门槛、高薪酬，群众演员一天 80 至 300 元；跟组演员一个月 3 800 ~ 8 000 元。”几个月前，阿军正是在这种街边小广告的吸引下，报名加入了一个所谓的“演员经纪公司”，憧憬着自己有一天也能像王宝强一样，从默默无名的群众演员变成风风光光的明星大腕。没有暖气，连洗澡的地方都没有。阿军白天在外面拍戏，晚上回去将就一下就算了。每天只管一顿饭：面片炒白菜。阿军有些坚持不住了，走到今日的每一个环节都好像过电影一样映在眼前：“签约后你就是艺人了！”想当初应聘时导演一直强调这句话。接着，该“导演”开始滔滔不绝：“先从群众演员干起，然后我们有机会让你做特约演员，特约演员一天好几百，我们保证你每天都有戏拍，还会有专人去向剧组和导演推荐你，找适合你演的戏，这种待遇是你不签约绝不可能有的。”看阿军有些半信半疑，该“导演”颇为自豪地向记者介绍了墙壁上挂着的他与一些明星的合影，如齐秦、杨坤等。记者注意到，在“导演”座椅背后，还挂着一面某古装武侠电影呈上的感谢锦旗。“有机会跟大牌演员合作，成龙也没问题。”见阿军还在犹豫，这位“导演”有些急了，“跟我们签约后，你就是我们的演员了，我让你有戏拍你就有戏拍。”“就说现在，我至少可以保证你在年前每天都有戏拍，那赚的就是实实在在的钱了。”“导演”适时拿出一份正儿八经的艺人合约，最显眼的字样就是“甲方提供电影、电视剧、MTV、广告等机会”。导演见阿军把眼光集中在那一行，马上开口要签约费，“一年4 800元，一点都不贵。”阿军支吾着说下午来交钱，“导演”则表示：“我们每天只有几个名额，你下午来可能就晚了，要不先交400作为定金吧，把名额留给你。”阿军摸着裤兜就是不肯拿出那400元钱。“那就200元吧，破次例。”阿军觉得真是合算，要不机会就没有了。

最近一段时间，屡屡有骗子冒用“人民美术出版社”这个在美术界享有盛誉的著名品牌行骗，骗术也很老套，要么出画册，要么办展览，要么搞评奖。一般人被骗也就罢了，但被骗的人中不乏“大师”级的重量级人物，这就更加令人深思了。一位中国画界的带头人周大师，被骗出版了《中国近现代名家画集》《中国当代名家画集》两套大型系列画集。还有一位书法界的名人、多所大学的兼职教授，被骗走的是价值不菲的书法作品，但换来的是一册粗制滥造的《中国当代名家画集》。业内翘楚，个个身怀绝技，又都是绝顶聪明之人，怎么会被骗子们的“雕虫小技”所迷惑呢？应该讲，这些受骗者被骗子利用，主要是因为以下几种心理：虚荣，轻信，贪利。结合大师谈到的被骗经历，我们进而再还原一下这整个过程。大师都是冲着“人民美术出版社”这个金字招牌来的，“人美”深得美术界信赖和喜爱，一听到“人美”便放松了警惕，犯了“轻信”的毛病。人民美术出版社对图书出版以标准严苛闻名于业界，能在这里出一本画册，标志着美术界对艺术家成就的肯定，能入选人民美术出版社《中国近现代名家画集》《中国当代名家画集》两套大型系列画集更是了得。现在有出版社的人上门服务，大师们真是喜上心头。再加上几句甜言蜜语的奉承、吹捧，大师们多是心甘情愿拿出货真价实的作品，心里还认为没花什么钱，却占了个大便宜。国画大师和书法大师换回的画册其实就是送人显摆一下用的，而两位大师正是中了“虚荣”和“贪利”的计。

而说起唐老师则如今已经是50岁出头的人了，自大学毕业后进了天津一家职业中学教书至今，连个高级职称还没有评下来，原因是职称英语总是考不过去。唐老师没事的时候总是手端着紫砂壶在那里冥想：我比谁差呀，我的艺术才能谁又能比哪！原来，唐老师有个写书法的爱好，经常没事的时候写上几笔毛笔字，而且还自创了隶书与魏碑风格的所谓结合体的字，唐老师很在意自己的这种爱好，特别是周围同事的夸奖。如果谁说唐老师的字像“酱肘子”，老唐的脸立马会将全部肌肉缩成一个“疙瘩”，老大的不高兴。看到好多个书法家在电视里讲课并展示自己的作品那叫一个“风流”，老唐既有些嫉妒，还夹杂着有些不服气：“我怎么就不行哪？不都是有人捧出来的吗？我也可以花这个钱呀？”从此之后，只要是有所谓的“笔会”，老唐必是场场不落。但随着老唐社会活动的增多，老唐接到的各种邀请函和荣誉评比活动通知也是越来越多了起来。其实这些事看起来也很简单，交上个几千块钱就可以给你评上个“大师”和“名人”，当然前面都会冠以“全球”、“中国”、“华人”等非常耀眼的字眼。看到快递送来的各种奖状、奖杯和画册，老唐还真有些飘飘然了，感觉自己就是个书法家或者是艺术家。但是，老唐参加各种笔会或者画展的时候，经常需要填写自己的各种信息，一来二去，连自己的身份证信息、银行卡号码也都填写出去了。但是，老唐还是有个底线的，那就是银行卡密码是自己的“生日”，千万不能向外泄露一点点。2016 年 7 月 6 日的中午，老唐还是像往常一样坐在办公室里翘着二郎腿欣赏着文件柜里自己新买来的“大师奖杯”。忽然，手机响起了铃声，老唐一听，电话那头传来了一个年轻女子的声音：“请问您是唐至厦唐先生吗，我们是中华名人研究学会的办公人员，您已经入选 2015 年度‘中国当代中青年最具影响力人物’，并给予您奖励 50 000 元，需要您配合一下核对以下信息。”老唐一听，真是心里痒痒得要命并开始飘在云彩上面了，“天下还有这等好事给我哪!”老唐连思索的时间都不要了，一股脑自己的身份信息、银行卡信息全部都说了出去，事后老唐还有点不放心了，“我在电话中说的信息不会有错误吧？哎呀，真是岁数大了就糊涂了!”然而也就没过了几分钟的时间，老唐手机上面的铃声就开始响个不停了。这次可不是有人打进电话了，而是银行卡的转账短信通知，第一笔钱转账 5 000 元整。老唐有些懵了，“我没有转账付款的事呀，怎么来了转账通知?”老唐忽然想起应该问问银行客服，而就在此时，第二笔钱转账 5 000 元的短信又发到老唐的手机上面。老唐这回真是傻了眼了，愣了半天，老唐才忽然想起并赶快拨通了开卡银行的客服电话。但还没等老唐把事说完了，前后也就短短 5 分钟的时间里，分五次，每次转账 5 000 元，共计 25 000 元就划走了。老唐真是懊悔不已，“自己并没有将卡密码告诉给任何人呀?”老唐自言自语着。银行客服建议老唐赶紧去拨打 110 报案，民警询问后就明确告诉了老唐，凭多年的办案经验，骗子肯定已经知道了唐老师的除了卡密码的全部金融信息，而唐老师用生日做密码，也是骗子得到身份证信息后，凭着运气试了一下，但果然奏效了！要说唐老师攒下这点钱还真是不容易：工资卡平时在妻子手里攥着，自己根本就摸不着，而这点平日省吃俭用攒下来的“私房钱”如今让骗子捡了个大便宜。每当谈起此事，老唐总是没精打采的，做书法家出名的事好像也不像以前那么让唐老师“牵肠挂肚”了。

上面几个事例告诉大家：拥有梦想本身并没有错，但我们需要清楚自己的能力和基础。超越自身的能力来追逐自己的梦想，最后只能是沦落成被骗子骗财的工具。现实生活中，不管你是小演员还是平凡的教育工作者、或者是所谓的艺术大师，只要你的私欲不灭，贪婪不断，当所谓的“出名”利益来到面前时，你肯定会“失态”，会“中招”。客观看待自己并凭借自己的能力好好工作，凭借自己的经济实力来享受自在生活，你什么时候都会坦然面对“诱惑”。当然，演艺圈里的“黑中介”问题从法律层面解决起来会比较棘手。群众演员在跟黑经纪公司签订临时协议时，虽然已经构成了雇佣关系，但由于应聘者没有相关协议在手，虽然对方的实际行为构成了诈骗，但很难通过法律途径维权。唐老师的问题则更加棘手，骗子通常分工很细而且分布在不同省份，一旦行骗得手，所有款项会在短短几分钟之内从分散的不同省份的银行自助设备中取出并转移，你纵有千只眼睛也很难在这么短的时间内将其摸清并一网打尽，况且给你打电话的区域往往是在国外。

7. 本想追求甜蜜爱情却不料被骗得“人财两空”

台湾演员孟广美曾用自己的亲身经历证明了什么叫做“人财两空”。1997年，一位名叫 Corrado Riccio 的意大利籍男子走入孟广美的视野，随后两人甜蜜相恋，如胶似漆，就差一纸婚书来为其作证。然而，孟广美并没有想到，这个温柔、有品，自称有雄厚家世的男人原来却是真实版的“天才骗子”，不仅骗走了孟某的巨款，让存折少了好几个零。而且最要命的是这个男人是以情封缄，直至分手前孟某也没有得到一个答案：你到底爱过我没有？孟广美自己透露，无意间曾发现对方信用卡账单有大笔消费，一查才知道对方竟花了15万欧元找来七八名伴游女郎同欢。此后，孟广美又发现自己和另外29名投资人被 Corrado 骗去大约四千万欧元。甚至孟广美父亲给她母亲的钱全部被卷跑了。在 Corrado 逃走的9天里，孟一直在劝他回来，并告之如果你真的被国际法庭判刑，不管你被判多少年，不管你在哪里坐牢，我一定会去看你。孟广美几乎成了典型的“美丽笨女人”，被男人骗得那么惨。孟广美讲，“他骗去的数字没有人知道，因为他自己都反反复复，说了好多种答案。据我所知，这个数字大概是二千两百万到二千五百万欧元之间，那剩下的一千多万欧元据他所说是自己家族的基金，是他爸爸给他用来做管理，也没有了，粗略估计牵扯到四千万欧元。他骗走的钱来源于大概30位包括各个国籍的投资人，而且其中很多人也是我的朋友。”孟回忆道，事情发生在2008年3月初，我和前男友一起去台湾看望我妈妈。然后突然有一天，他说他要赶回香港开一个很重要的会议，让我留在台湾陪我妈妈。其实这已经有些不寻常了。等我回到香港的时候，已经是晚上很晚了，见到他的时候也没有觉得什么异样，他跟我说他要睡觉去了。我却睡不着，就在家里到处晃荡。我发现了一个很奇怪的现象，就是男友办公室的灯关了。我走进他的办公室，看到桌子上有一条围巾。这同样很不寻常，因为他是一个很爱整洁的男人，像围巾这种东西是不可能随便放在桌子上。不好的感觉越来越强烈了，他睡前也跟我说第二天会很早起来去开会，就不叫醒我了。“要出事情了！”我立刻想到护照，护照夹虽然放在固定的位置，但是护照没有了。就像连锁反应一样，前几天他曾经很奇怪地将大量现金带回家中，孟以为是生意上的事情，也没有多问。等孟打开保险箱，却发现现金全部没有。孟将所有柜子一个个打开，发现了一封信，上面还有这些年来孟送给他的卡片。这封信是他写给孟的，看完后，孟震惊得没有办法相信里面写的每一个字。内容就是他必须要逃跑，原因是他的公司经营不下去了，所有的钱都没了。孟想到，绝对不能够让他离开香港。因为孟相信，如果他真的逃走了，说不定会有人自杀，因为牵扯的金额实在太大。有些朋友几乎将全部身家都交给了他。于是，孟选择了报警。在Corrado逃走的9天里，孟每天都要接到来自全世界各地的债主的电话，不少人开始担心钱拿不回来了。而孟在这9天里已经决定将还贷款的跑车卖掉，把自己收藏的名表、包包、衣服都卖掉了一部分。但 Corrado 回来后，还是坦然提出了分手。两人已经形如路人。

2018 年 4 月，一段与在押犯的离奇“网恋”被各种媒体报道：王彩凤在 9 年间，数十次向在牡丹江监狱狱中服刑的“男友”张某汇款 340 余万元，用于疏通关系为张某“减刑”。实际上，王彩凤遭遇了一场骗局。2010 年该案东窗事发后，监狱、检察机关及时介入调查，并对涉事狱警进行查处。但事情并没有结束，2015 年 4 月前后，已因狱中诈骗被加刑并隔离审查的张某再次打电话给王彩凤，称能将其此前损失的钱要回来，并在之后的近一年时间里陆续骗走王彩凤数十万元。相关判决文书显示，第二起诈骗案案发后，一名因涉案获刑的狱警纪某又被追诉玩忽职守罪，2018 年 2 月 1 日，纪某被牡丹江中院二审裁定维持一审有期徒刑 2 年，缓期 2 年执行的判决。3 月 30 日，牡丹江监狱相关负责人就此事向澎湃新闻回应称，张某服刑期间对外实施诈骗情况属实，“事情能发生，说明我们监狱在管理上存在漏洞，应该反思。目前，因涉及张某诈骗案，前后共有 5 名狱警被起诉，其中 4 人已审理终结，另有部分狱警被内部处分。”49 岁的王彩凤至今依然单身，她说，由于身负巨额债务，已经没有人敢要她了。据王彩凤讲述，2009 年 5 月，她与前夫离婚后，在手机上使用飞信网络聊天时，认识了张某，由于是同乡，两人话题越聊越多，很快确立了恋人关系。在与张某深入接触后，王彩凤得知张某正在牡丹江监狱服刑，张自称在 2002 年因犯故意伤害罪被判处有期徒刑 13 年，还有 4 年就出狱了。王彩凤没有介意张某服刑人员的身份，但她曾质疑，为何张某身在狱中还能使用手机上网。她说，张某称其在牡丹江监狱有关系，与狱警关系不错，被特殊照顾。在之后的交往中，张某提出，为了能早日和王彩凤在一起，他想找朋友帮他办减刑，但需要给对方 20 万元。但几天后，张某说还差 2 万元，求我帮忙。王彩凤称这次汇款，张某用的是一名尹姓狱警的农行账号。她在先后两次向这名狱警汇款约 5 万元后，张某称该狱警因帮他汇款遭人举报，要给家属 6 万元了结此事，王彩凤依照张某吩咐，拿出了这笔钱。王彩凤回忆称，之后的几个月间，张某先后以房产证被监狱扣押需要交押金；监狱要给他转监，借给监狱犯人的钱将无法要回；两套出租车手续要被归公需要花钱打点等为由，多次向她要钱。“他说这些钱的用途大部分都是作为押金用，等事情办完了，就会退还给我，其间，他也确实陆续退还给我 70 多万元，我就相信了。”王彩凤说，那段时间，张某向她要钱的数额越来越大，从两三万元，逐步增加到数十万元。到 2010 年 1 月，在这一个月里，王彩凤先后向张某提供的账户中汇款 130 余万元。王彩凤称，当时张某告诉她，马上就能把事情办好提前出狱了，但需要向省纪委、检察院、监狱管理局等单位交押金，数额均在三四十万元。此时，扣除掉张某返还给她的“押金”，王彩凤已欠下外债 250 余万元。从 2009 年 5 月到 2010 年 1 月 25 日，她先后向张某提供的银行账户汇款 71 次，共计 340 余万元。据王彩凤提供的部分转账凭单显示，仅 2009 年 11 月 21 日到 2010 年 1 月 8 日，她就已向张某汇款 26 次，其中单笔最大金额为 8.2 万元。到 2010 年 1 月底，随着债主不断上门催债，王彩凤无奈之下前往牡丹江监狱寻找张某，这是他们网恋 10 个月后第一次会面。王彩凤于 2010 年 2 月 10 日在牡丹江监狱见到了张某，会见结束后，她从一名此前汇款账户的户主口中得知，张某所谓的“押金”不可能返还回来了，张某把钱都拿去买了“黑彩”。涉入此事的狱警纪某讲，“黑彩”是由私人坐庄的彩票，中奖号码与官方公布号码同步。2010 年前后，他曾多次帮张某购买“黑彩”。纪某回忆称，张某平时在监狱出手阔绰，买彩票的时候少则三五千，多则上万元。我一直以为他家境比较好，后来才知道，这些钱是诈骗得来的。纪某称，他与张某初次接触时，就是帮张某买彩票，他如果中了奖，会分给我一些钱作为跑腿费。少的话有三五百，多的时候一次能给一两千元。2009 年下半年，张某找到纪某称，他的爱人要打一笔钱，希望能提供一个银行账户帮忙代收。纪某称，他当时并不知道张某口中所谓的“爱人”就是被他诈骗的受害人王彩凤。据王彩凤提供的一份汇款名单显示，她先后通过 19 人的银行账户，向张某汇款 3 401 028 元，这 19 人中，至少有 5 人是监狱的狱警。2011 年 11 月 28 日，海林市人民检察院对纪某提起公诉，指控纪某利用职务之便，为服刑人员张某购买彩票，先后三次收受张某好处费 8 000 元。海林市人民法院于 2011 年 12 月 1 日判决纪某犯受贿罪，免予刑事处罚。2013 年 11 月 12 日，牡丹江监狱与王彩凤签订了一份协议书，之后，监狱陆续退还给王彩凤 50 万元。但 2015 年 4 月前后，她又接到了张某的电话称，能帮她要回此前损失的钱。王在接到这个电话之前，她已被身上的巨额债务压得喘不过气来，也因此一直孤身一人，没能再婚。听到张某称能把钱从“黑彩”老板那里要回来，她心中燃起一丝希望，再次相信了张某，并在之后的近一年时间里，陆续向张某汇去了数十万元。但最终证实，这又是一场骗局，第二次诈骗手段与前一次如出一辙。值得一提的是，第二起诈骗案案发后，前述狱警纪某又在 2016 年 11 月被牡南地区检察院追诉一项新的罪名。纪某违反工作职责为罪犯张某购买“黑彩”，并提供银行账户给张某使用，致使张某在监管期间对王彩凤实施诈骗，造成经济损失，应以玩忽职守罪追究其刑事责任。2018 年 2 月 1 日，纪某被牡丹江中院二审裁定维持一审有期徒刑 2 年，缓期 2 年执行的判决。王彩凤说，尽管张某及监狱涉事的狱警目前都已被追究责任，但她因这两起诈骗案造成的损失始终没法堵上，这些年来她一直都在躲债与追债中煎熬。

直到“男朋友”身份被揭穿，王媛才恍然知道自己网恋 8 年未见面的“男友”是中专时候的女同窗。2010 年，王媛在网上与“男友”确定了恋爱关系。2016 年起，“男友”以各种理由开始向王媛陆续借钱共计 20 多万元。2018 年初，“男友”忽然失联。王媛情急之下报警寻找失踪“男友”及所汇钱款。经过警方调查，与王媛相恋 8 年的“男友”竟是同一中专的同班女同学张琳。张琳交代，上学时为了好玩，注册了一个 QQ 账户，以男网友的身份与王媛聊天开玩笑，毕业后仍以这一账号与王媛谈情说爱。为了填补自己负债的漏洞，便以“男友”的身份动起了诈骗同窗王媛的坏想法。8 年间，两人一直不曾见面，在仅有的两三个电话和语音聊天中，较为中性的张琳还刻意加粗了自己的声音。目前，张琳因涉嫌诈骗被上海宝山警方刑事拘留并已向检察院提请逮捕。“亲爱的，你在吗？你到哪里去了啊？怎么一直隐身，是不是出了什么事啊？”2018 年年初，“男友”的头像始终显示灰色隐身状态，不再回复王媛的任何消息。8 年来，两人一直通过 QQ 联系。王媛称，自己与网名为“周日宝贝”的网友于 2010 年相识于网络。两人几乎每天都要在 QQ 上聊天，由于聊得十分投机，便在网上确定了恋爱关系，该网友告诉王媛自己真名叫陆耀辉，比王媛大一岁。两人一直保持网恋关系。2016 年 3 月，陆耀辉向王媛声称自己要去出差，接一单工程缺资金，要王媛借点钱给他临时救急。当时王媛手头并没有这么多钱，于是陆耀辉便教王媛注册开通了一网络支付平台的贷款功能，借贷了第一笔资金 15 000 元。自此以后，“男友”陆耀辉便以生意需要垫付工程款、家中长辈生病住院需要交押金、信用卡需要还款、出差需要路费等各种理由，先后向王媛借款。为了支持“男友”事业，王媛通过各种网络贷款平台、信用卡、银行卡等多种途径共向陆耀辉提供的账户汇款 50 余次，共计 20 余万元。王媛除了通过聊天工具向陆耀辉转账汇款外，陆耀辉还提供过一个名为“安娜”的账户，王媛向“安娜”的账户打款三十余次。而这个名为“安娜”的人是王媛中专的同班同学，陆耀辉在与王媛聊天中曾提过认识“安娜”，王媛当时还因为两人有一个共同的朋友而高兴不已。由于陆耀辉借款次数越发多了起来，为了让王媛解除戒心，陆耀辉便在聊天中提出：既然二人都认识“安娜”，那么就由“安娜”做中间人，钱款先打到“安娜”账户，再由“安娜”转给陆耀辉。王媛因为与“安娜”是同窗数年的同学，便放下了戒心，继续通过“安娜”打款给打拼事业的“男友”。侦查员通过“安娜”这一人物的关键信息，很快找到了在南大路暂住的张琳，正是被害人王媛的同班女同学，侦查员在张琳的电脑里找到了 QQ 的登录信息和大量与王媛的聊天记录，张琳承认自己便是王媛的“男友”陆耀辉。据张琳交代，当年王媛与张琳为同一中专的同班同学，几个女同学为了好玩，注册了一个 QQ 账户，以男网友的身份专门与王媛聊天开玩笑。2012 年中专毕业后，张琳仍在使用这个 QQ 账号，并一直以“男友”身份与王媛谈情说爱。在二人“网恋”的 8 年里，在张琳的百般推托下，两人一直不曾见面，在仅有的两三个电话和语音聊天中，本人较为中性的张琳也刻意加粗了声线以蒙混过关。张琳平时生活挥霍无度，虽有固定工作却负债三十余万元。为了能填补自己负债的漏洞，便把黑手伸向了“同窗”。目前，张琳因涉嫌诈骗被宝山警方刑事拘留并已向检察院提请逮捕。

24 岁的许艺峰是广东中山人，在老家经商失败后便举家来到江苏常州打工。许艺峰在网游世界里是一花独放的高手。打工之余，他以网名“娜娜”为人代练，赚些零花钱。20 岁的颜卓则是刚从学校毕业的单身男孩，虽然酷爱网游但水平一般，有时还得找代练帮忙。颜卓无意间发现了这个叫“娜娜”的女孩水平颇高，于是主动加为好友，开始聊天。此时，化身“娜娜”的许艺峰敏锐意识到，发财的机会来了。刚开始，娜娜时不时与颜卓搭讪几句。聊开了之后，便开始发一些网上下载的清新可人的美女照片给颜卓。“娜娜，太爱你了，做我女朋友吧”，两人就在网上坠入了“爱河”。颜卓被一步步引诱，迅速坠入许艺峰精心编织的恋爱骗局。“亲爱的，我还未收过超过 1 000 元的红包哪!”这是许艺峰第一次开口要钱。颜卓觉得这是个难得的表露感情的机会，二话不说就转出 3 344 元的红包给了对方，表示生生世世。收下红包后，许艺峰特意包了个 888 元的红包回赠给颜卓。颜卓又马上发了 1 314 元的红包过去，他感觉这位心目中的女神好像就在眼前。几天后，许艺峰对颜卓说，“家里父母生病了。要回去一下，我手头紧，能不能借我点钱”。颜卓不假思索，给她打了 8 000 元。见颜卓出手如此大方，便大嘴提出母亲病了要花不少钱，并指派表弟出面跟颜卓见面。而这个所谓的表弟其实就是许艺峰本人。

为了通过爱情考验，颜卓不仅爽快的供着这位表弟“吃喝开销”，还拿出 2.05 万元作为未来丈母娘的医药费，出手之大方让许艺峰大感意外。有来有往，颜卓陶醉其中，盼望着和对方早日修成正果，对她几乎是有求必应，然而许艺峰还是以各种理由推脱见面。颜卓已经前后转出 8 万多元，最终还是颜卓的父母发现不对劲而报了警。2016 年 12 月 23 日，江苏省常州市新北区检察院以涉嫌诈骗罪对被告人许艺峰依法提起公诉。

2017 年 7 月，北京海淀一位冒充女性的骗子徐某被法院因诈骗罪判刑 8 个月，罚金 1 万元。虽然被骗的这位具有博士学历的男士一直谨慎且从不贪占小便宜，也能轻易识破网上遇到的茶托、酒托，但这一次，骗子设的这个局实在太巧妙、太真实，网上征婚 6 天就被骗走 7 400 元。让人啼笑皆非的是，在骗局被识破后，骗子竟然还张狂挑衅，不仅分享骗术手段，还声称即使报警，警察也拿他无可奈何，嚣张的态度让人瞠目。最终，男博士在收集完证据后还是选择报了警。“我也是花钱买了个教训，以后我一定不再轻易相信他人，特别是在网上。”据了解，被骗事主小张确实是个货真价实的博士，2016 年毕业后进入北京一家著名科技企业担任工程师，收入不菲。但外貌平平，忙于学业，一直没有谈恋爱。2017 年小张在百合网注册了会员身份，5 月 22 日认识了西安姑娘“婷婷”，也就是微信中的那个骗子。从婷婷微信发来的自拍照看，相貌清秀，自称在华润万家超市工作。二人结识当晚，婷婷就要求小张请客吃外卖，为此小张向对方支付了第一个红包 50.5 元，而后对方又提出想吃冰淇淋，小张又给了她第二个红包 300 元。此时婷婷主动示好，说小张对她的好让她很感动，能否发个 520 元红包，她想截图到朋友圈炫耀，事后自然会退钱，小张碍于情面支付了520元但并未要求退款。次日，小张突然被拉到“华润行政一部交流群”的微信群内，婷婷的同事纷纷粉墨登场，她们以偷偷解锁婷婷手机为由，要求小张发红包。之后婷婷现身，称由于同事偷拿自己手机向小张要钱，两人吵翻了，现在需要向同事还之前欠的钱，并发送了两人吵架的聊天记录。小张通过支付宝转给收款人李某3 200元，替婷婷还款，并应婷婷要求转账生活费888元。后婷婷又以买手机、买车票来北京看小张等理由，陆续向小张索要钱款，从5月22日起短短几日时间，小张就通过支付宝、微信陆续支付了7 463元。但是到了火车抵京、两人相约见面的时候，小张并未看到婷婷的身影，而是等来一条女友车祸的消息。此时小张终于意识到，“婷婷”可能不是一个美丽的邂逅，而是一个美丽的骗局。意识到被骗后的小张为了证据，与骗子周旋。虽然婷婷病愈的“戏”在继续上演，但双方之间的窗户纸还是最终被捅破了。可笑的是，被揭穿的骗子不仅没有认错，反而高调声称自己是女的，支付宝和微信都不是实名而是购买的，只不过“绑定人是男人的名字”，自己有方法洗钱。婷婷还自称骗了很多人，即使有人报警，“警察也不管”。对方还向小张发送了数额为177 484.98元的微信零钱截图。6月17日，小张收集证据后到其所在地派出所报警。根据婷婷的微信账号及支付宝收款账号，公安机关于7月初锁定犯罪嫌疑人徐某，7月31日在其老家安徽省安庆市当地派出所的帮助下，将徐某抓获。婷婷的真面目由此浮出水面，不但不是聊天照片中的婷婷，而且不是女性，是一个31岁的已婚无业男子。徐某自称认罪，“微信号是用我的名字实名注册的，绑定的银行卡也是我的卡，照片是从网上下载的，收款的支付宝是我老婆的账号，同事是我用另一个账号假扮的。”经法官核对徐某的支付宝、微信、银行卡相应明细，未找到截图对应大额零钱余额或对应转账流水。庭审前，徐某家属已将涉案钱款7 463 元退交法院。宣判后，徐某并未当庭提起上诉。

几个事例虽然诈骗手段各自不同，但都是利用男女之间的“情”来大做文章的，并诱使当事人把个人财产主动送出。目前通过假意恋爱、索要红包等方式诈骗他人钱款的犯罪手法并不鲜见，且犯罪分子多是男子，当然也出现了类似张琳这种冒充男性来对异性进行诈骗的现象。从相关数据来看，“痴情女”似乎也较“痴情男”更多一些。当人们在虚拟的现实中似乎看到自己的“另一半”时，往往给人的感觉是贪婪战胜了理智。但虚拟世界中往往能够满足你的所有欲望，白马王子、白雪公主、商界精英、俏丽佳人只要你想要的，几乎是数秒之内就会“腾云驾雾”降临到你的面前。比起现实中你的处境要“美丽”得多。其实，把自己还原到现实中去看一看、想一想，再多问几个为什么？可能就会减少我们在虚拟世界交往中的几分无知与贪婪，避免自己的财产遭受算计。几个事件中的当事人到了路的尽头都不知道“刹车掉头”，甚至还在憧憬自己给自己编织的永远也圆不了的梦。我们提倡像博士小张这种发现受骗迹象而与犯罪分子周旋并想办法固定证据的做法。其实在公安机关少数案件中，出现了罪犯已经供认作案多起，可因无人报案或虽已查找到汇款人但因汇款人嫌麻烦不愿作证，最终无法对其全部行为定罪处罚的情况。提醒大家应提高网上恋爱交友的警惕性，不要因为小额小利而放松了应有的警惕。切忌在网友的真实身份未核实的情况下发生财务往来。同时一旦发现对方有犯罪的可能时，应及时搜集、固定证据并报警。

8. 没想到刷朋友圈刷出了“臭虫”

靠着“熟人买卖”，开微店进行海外代购成了不少年轻人创业的新平台，但也有人趁机干起了不法勾当。2015 年 1 月 19 日，市民李小姐在自己的微信朋友圈内看到，有一个好友转发了一条苹果手机的海外代购信息。信息称，当晚 12 时以前购买苹果手机，即可获赠卡西欧自拍神器一部，并且售价也比市场价便宜不少。这让早就想换手机的李小姐十分动心，于是向这位好友要了马某的微信号。李小姐加上马某后，便说明自己想购买一部苹果手机。马某表示 3 天后将手机发给李小姐，并提供了一个银行账号。次日，李小姐通过银行卡转账的方式，先向马某提供的账号里转入 4 500 元钱。可是多日之后，李小姐怎么也等不到自己的快递，于是再次联系马某。马某以各种理由进行搪塞，并拒绝退钱。后来，李小姐不断给马某打电话、发微信，全无回应。这时，她才发现，自己已经被对方“拉黑”了。发觉被骗的李小姐于 2 月 6 日向公安机关报案。得知李小姐报警，马某于 2 月 10 日到襄东公安分局刑警大队自首。据他交代，自去年 8 月开始，他就在微信朋友圈发布“海外代购”苹果手机的消息进行诈骗。他没有任何亲属在境外，为了增加真实感，他在别人的微信上盗取了许多商品图片，再配以文字不断往自己的朋友圈里推送。要往早说的话，马某的第一个客户应该是初中同学闻在香。他骗闻小姐说，自己的姐姐在英国，能够帮忙代购苹果手机，只需 5 150 元。去年 9 月 28 日，出于对老同学的信任，闻在香通过手机银行向马某转了账。可到了约定的发货时间，马某仍然没有找到代购渠道，并且把闻在香的购机款消费了。当闻在香向他索要手机时，马某则会以各种理由推脱，或者联系不上了。由于闻在香不断要求退款，去年 11 月，马某用支付宝退了闻在香 1 000 元后，便不再理会闻在香。尝到甜头后，马某又用此手段骗了 6 名女子 4 万多元钱。钱一到手，马某就大肆挥霍，玩起了“失踪”把戏。

2016 年 3 月的一天，家住杭州临安的吴小姐像往常一样刷着微信朋友圈，偶然间她看到自己的小学同学阮梦熊发的一条广告：可办理某种可透支或提现十多万元的网购消费卡。当看到这条广告，想要办卡并提现的吴小姐一下来了精神，立马联系了这个名叫阮梦熊的小学同学，并从他那里得到了办理这种消费卡的客服的联系方式。吴小姐联系上客服后，对方说提现需要买 POS 机。于是，吴小姐通过微信向对方支付了 6 000 元钱，但 POS 机却迟迟没有收到。疑惑的吴小姐找到小阮问个究竟，小阮则告诉了她一个坏消息：这个客服和本单位有了劳资纠纷，拿了钱跑了，公司已经报案，他会另外安排人为吴小姐办理消费卡。之后，他让吴小姐再打 6 000 元给一个指定的支付宝账户。这次钱打过去之后，小阮很快来联系吴小姐，说因为涨价，现在办理的费用需要 1 万元，6 000 元没办法办理，并把 6 000 元钱退给了吴小姐。此时的吴小姐办卡心切，想到阮某是自己小学同学，加上又退还了之前的 6 000 元，毫无怀疑，立即给小阮打去了 1 万元。4 月份时，小阮一直用各种理由让吴小姐给他打钱。“办卡又涨价了，你再转 3 000 元给我。”“我找的这个人是个骗子，我也被骗了，要找个律师去告他们，律师我已经找好了，你打 6 000 元律师费过来。”“我在深圳帮你向公司讨钱，生活费都没了，你打 2 000 元生活费过来。”“生活费用完了，你再打点。”“今天我叫了几个人一起去公司给你讨钱，钱肯定能拿来，不过要出点钱请这几个人吃个饭，你打 2 000 块钱过来。”对小阮信任有加的吴小姐，次次都给他打钱。到了 5 月 20 日，小阮对吴小姐说：“钱已经被我领回来了，不过我先拿去还欠债了，你那里先欠着。”之后，之前已经离职的客服，也突然重新联系吴小姐。客服对吴小姐说，她已经回到公司上班了，之前的钱已经全部被小阮领走了，如果吴小姐还想办卡的话可以找她，还有优惠。在客服的花言巧语之下，吴小姐又多次以“办卡费”“补差价”等名义给对方打去了钱。2016 年 6 月 14 日，为了办卡，已经打了十几万元却一直没有收到卡的吴小姐，终于意识到自己可能遇到了骗子，到公安机关报了案。原来，这些都是无业的小阮自编自导自演的。小阮因沉迷网络赌博，把钱挥霍一空。他自己曾被人以办理消费卡的手段骗取了钱财，于是，为了有钱维持赌博开支的他，就以办理这种消费卡的名义在朋友圈发了一条广告。没想到吴小姐这么快就上了钩。“客服人员”是小阮自己注册了账号扮演的。当看到吴小姐如此轻信他，小阮的贪欲更重了，渐渐从“演员”变成了“编剧”。小阮一共从吴小姐这里骗走了 12 万余元，而这些钱大部分已经被他拿去赌博并输掉了。2017 年 3 月，临安市人民法院公开开庭审理了本案，并当庭宣判，以诈骗罪判处被告人小阮有期徒刑三年九个月，并处罚金 1 万元。

2018 年 3 月 6 日 20 时许，公安津南分局津沽路派出所接到王新源打给 110 的报警电话，自称遭到诈骗。民警迅速赶到现场处置。经查，3 月 6 日 19 时许，王某在浏览手机微信朋友圈过程中，有人称扫描二维码并加对方好友可以利用微信漏洞返现，王某信以为真，在对方的指挥下，通过微信共分 15 次向对方转账 8 730 元，事后发现被骗。在津南分局相关部门的指导协助下，办案民警确定了对方微信号使用者是一位家住天津的男性黄某，今年 17 岁。3 月 27 日，办案民警在河东区将犯罪嫌疑人黄某抓获。其如实供述了多次在微信中使用虚假信息骗取多名事主钱财的犯罪事实。而同一区域的李同学则收到同学发给他的一张图片，图片上写着扫描二维码关注就可以免费 100% 领取 50 元手机话费。李同学按照上面说的扫描并关注了一个名叫“聚财汇”的微信，对方要求李同学把这张图最好群发给好友进行扩散。李同学按要求群发了图片，也提供了手机号码，本以为可以领话费了，但联系对方后说是要 15 天左右的时间。李同学感觉自己被骗了，但觉得也没损失什么，就没太在意这件事。两天后的一天早上，李同学的手机刚刚开机就看到一百多个未接电话，爸爸的、妈妈的、舅舅的……李同学回拨了妈妈的电话，电话那边，妈妈听到儿子的电话急忙问到“你没出事啊？昨天你们班主任打电话说你因吸毒欠钱被人绑了，要拿 30 万元才放你，不然早上就杀了你”妈妈已经讲不出话了。昨天夜里妈妈听到消息急得团团转，四处找亲戚朋友借了 16 万元，取出了银行里本来打算给儿子娶媳妇的 13 万元，打出电话的“班主任”说可以帮垫 1 万元，就这样把 29 万转给了骗子。而那个“班主任”从此再也联系不上了。大家看到这里，自然会联想起李同学前天群发的那张图片，骗子获取了李同学的手机号，还有好友关系信息。而后是通过软件伪装成李同学的电话并给其妈妈发了短信，随即也就是后面所发生的事情了。无独有偶，姜丽是个艺术系舞蹈专业的大二学生，在参与群发领奖活动后的半个月，姜丽的爸爸收到了“姜丽”发来的短信，短信内容是这样的：“老爸，我昨天买去痘的药把钱都花的差不多了，再给我汇些钱呗！信用卡也透支了到限。我的银行卡要还钱后才能再激活。您先把钱打到我同学的银行卡上面，其银行卡信息是‘王建 建行东四支行 6222 0899 2755 276 077’。”晚上，妈妈给姜丽打电话问起打钱的事情，姜丽说没有，才知道是被骗了。骗子同样是用伪装软件来显示姜丽的手机号码，同样是通过这种关注群发有奖的诱惑去收集到姜丽的手机号和好友信息。

2017 年 8 月，家住柳城的网友徐希晨在微信朋友圈中看到有朋友转发一条消息，只要关注一个公众号，动动手指将公众号提供的 3 条链接消息转发到自己的微信朋友圈，就可获得 20 元至 50 元不等的佣金，多转多得。徐希晨脑瓜一热，不想放过这个“动动手指就能赚钱”的大好机会，不但关注了该公众号，还与客服取得了联系。按照客服的说法，交 238 元或 538 元的保证金后，每天在自己的朋友圈内转发公众号消息，截图回传至客服，就能获得佣金。保证金越高，佣金越多。徐希晨通过微信转账的方式，给客服先转了 538 元的保证金给客服账号。随后，徐希晨又将公众号里发布的 3 条链接消息转发到自己的朋友圈，并截图留证。可徐希晨没想到的是，当她想要把截图回传给客服索要佣金时，发现客服把她拉入黑名单，微信再也无法联系上客服，而且她也找不到任何联系该公众号的方式。

2017 年 11 月 4 日，常州青龙派出所接到报警称，受害人小张因为帮“初中同学”在网上转了钱，自己反而被骗三千多。当天上午 10 点左右，小张自己突然收到一条来自“初中同学”小程的信息，求他帮忙给朋友转个钱。初中同学小程先把钱转到报警人的银行卡上，然后再让报警人通过网上转账转给他的朋友。因为是初中同学，报警人小张不好意思拒绝此事，于是就把自己的银行卡号，提供给了初中同学小程，并且还加了小程朋友的社交账号为好友。小程然后先转了 860 元给报警人小张，后来又转了 1 500 元，然后就是再转 1 300 元。但要命的是，在尚未核实银行卡上的金额是否到账的情况下，受害人小张通过网上转账，分三次转账 3 660 元。没过多久，小张在朋友圈刷到了小程所发社交账号被盗的信息，这才惊讶自己上当受骗了。

现在大家的朋友圈中，有没有这样一种人，天天在朋友圈秀几百上千的收入，告诉你是刷单收入。当拉你进群后，会让你交 488 元入会费，然后美名其曰“外宣”鼓励你再拉人进群，那么你可以提成 260 元。这些人其实不会拉人，只是天天在朋友圈发些假的工资图。他们不会跟你说刷单需要多少的淘宝号，也不会跟你说刷一单能赚几块钱，发一些假的收款图，告诉你是刷单。他们还会告诉你，这不是传销，是和朋友一起赚钱。传销具有的特征是什么哪？第一，参加者通过缴纳“人头费”或“资格费”或者以认购商品（服务）形式变相缴纳“人头费”或“资格费”取得加入、介绍他人加入的资格；第二，通过介绍他人参加发展下线人员，并由此建立具有上下层级内部财富再分配关系的组织体系；第三，组织者利用参加者交付的部分费用支付先参加者的报酬维持运作；第四，参加者的收益由其加入的先后顺序及其发展人员数量决定。

微信朋友圈本应是一个私密的社交空间，但如今已经被各种营销人员、骗子所利用。提醒广大朋友，购物最好还是选择实体店或正规网购平台。如非要在朋友圈购物的话，一定要多个心眼，核实准对方的代购能力。代购时，请对方实时拍摄购买过程和商品实物，并核对清楚其销售信息。对于陌生卖家，更要提高警惕。如果在微信购物被骗，应当及时将与卖家的交易记录、聊天记录截图保存。同时，当事人应该及时向警方报警。其实大家不难发现，受害人在关注公众号后，会有一名自称“财务”的客服与受害人互加微信，随后客服会将受害人拉入一个交流分享群，发布每日转发任务。与此同时，骗子还称，成功推荐新人参与转发朋友圈，还可额外获得奖励，每推荐成功一人即可获 80 元奖励，领到奖励金后还要在微信交流群中分享。因此，不少受害人都是朋友关系，甚至还建立了小群聊天，拉了不少朋友参与所谓的兼职，导致更多的人上当受骗。在这里也提示大家，如果收到亲朋好友借钱或者是转钱的信息，一定要再打电话核实一下真实性。诈骗分子一般会利用一些人占便宜的心理诱人上当犯错，注意保护个人资料信息，不可随意泄露账号密码、验证码、银行卡号等私人信息。在做好自身防范的同时，积极向周围的亲朋好友做好宣传，特别是老年人，不要存有侥幸心理。

需要说明的是，微信圈里点赞是不扣费的。微信自身角度来讲没必要，利用微信来骗钱的骗子也不可能获得微信的支付接口。存在回复陌生短信会被扣钱的情况，是因为增值服务提供商提供了接口，这些商家为客户提供天气、铃声、财经之类的服务而获得报酬，前提是客户要同意开通此类服务。回复了就代表你订购服务了，然后电信部门会扣取你的话费给这些商家，而微信目前没有开放任何第三方接口，所以您就放心好了，微信圈里点赞不扣费。作者把每年高考期间在微信朋友圈不时会冒出来的“传言”再嘱咐大家一下：某×朋友捡到一个高考准考证，有认识的通知一下，别耽误了高考大事。除了相关考场信息外，该信息还会公布当事人白娅倩的联系电话15935078941，烦请大家转发寻找失主。而事实真相是：这个谣言广泛出现在北京、山西、吉林各省市，看来白同学的准考证是到处丢。其实，2013 年 6 月 7 日，当时全国多地均有消息称考生白娅倩丢了高考准考证。时隔一年，白同学的准考证又“被丢”了。与 2013 年相比，这条求助信息里换了新的联系电话。经查，这是山西晋城的号码，刚开始还能够拨通，但之后便处于关机状态。这个电话是个吸费电话。

需要说明的是，发现受骗后要及时锁定证据，而不要采取贸然出击的办法。网上所传“汇 1 分钱整倒骗子”的做法并非靠得住。该方法称一家银行的员工收到诈骗短信后，通过手机银行向骗子转账，每次只汇 0.01 元，并采用对方扣款付手续费的方式。转账 400 多笔后，结果她只花了 4 元多，却让骗子损失了 800 多元。而事实真相是：传闻中提到的银行，也通过其电子银行官方微博表示：通过我行手机银行转账，金额小于 10 元，手续费都不能选择收款方扣收。也就是说，每次只汇 1 分钱，每次 2 元手续费，直到骗子账户“卡壳”是行不通的。理论上讲，通过银行柜面可以实现上述操作，因为由对方付费的转账汇款最低限额是多少，并没有明文规定。但实践中，柜台工作人员有可能会把“1 分钱转账”认定为恶意行为而加以限制；不同的地区，也可能根据实际情况设定最低限额。最近网上传播“电话错输密码锁定骗子银行卡。”的做法也是靠不住的。该方法据说若你一旦不小心给骗子的银行卡汇了款，只要打电话给汇款银行、按语音提示进入查询系统、输入对方卡号，在系统提示输入密码时，故意连续3次输错密码，就可以冻结骗子的账户，使其无法把钱款提取或转走。而事实真相是：如果是电话银行连续输错几次密码，电话银行渠道是被锁住了，但是只要输入正确的取款密码，照样可以在ATM机上取款。

9. 骗子之间往往通过分工协作而一举拿下“受害者”

2017 年 11 月 6 日，一个 17 人的诈骗团伙在南宁落网，该团伙目前交代的诈骗金额超过 500 万元，其中“最著名”的受害者，就是在宁波生活的江西人刘先生。刘先生因网购壮阳保健品“上钩”，骗子分多人在电话里扮演主任、总监、科长、院长、消协、稽查科、财务、经理、董事长，实施诈骗。南宁市公安局通过梳理线索，很快确定两名主犯住在埌东，并将案件转至青秀山公安分局。该分局刑侦人员经过大量查看小区、路面的监控录像，渐渐掌握两名主犯经常驾车出没于埌东一带五六个高档小区，再通过侦查，确定在这些小区内，有诈骗团伙成员。11 月 6 日晚至 7 日凌晨，40 多名南宁警察和宁波警察分成 7 个小组同时行动，从上述窝点共带回 24 名人员，经核查，其中 17 人系团伙成员。这伙人很快交代了他们公司所在位置——东盟商务区合作路某小区一套住宅。该住宅内房间里所谓的“办公”，就是给受害者打电话。该团伙“老板”陈某，是个 26 岁的广东人。两年前来到南宁，原本是单干，后来“生意”做大，就请了一帮福建籍人员，并手把手将自己的打电话“技术”传授给他们。陈在管理上非常严密，手下的人扮演什么角色，用什么样的台词，都由他一手制定，每个人平均每天要拨打至少50个电话，他给每个员工发的工资是2 000至4 000元底薪，并按片区的金额发放15%至20%的提成。而被骗子骗去54万元的刘先生，原本在宁波做小工程。2017年4月，他在网上搜索到一个卖“血钻野燕麦”壮阳保健品的销售网站，并以单价1 760元买了一份。吃了“野燕麦”第三天，刘先生接到一个显示广东座机的电话，骗子先是装作好意，给刘先生介绍更好的药，在更好的药也不管用之后，剧情第一次反转，一个更靠谱的“医生”严厉批评了前任的做法，并重新配药；在这些手段使完之后，消协上阵来替刘先生打翻身仗，刘先生于是接着陷入了公司退钱骗局，“稽查科”、“财务”纷纷设套，最后公司还反咬一口说刘先生设局骗公司钱，需要赔给公司9万元……刘先生花光了积蓄。原来，购药三天后，“主治医生金主任”说“燕麦”还要配其他药一起才给力，额外配药5 500元。刘先生表示不给力，“血钻公司欧总监”救场，他让刘先生花46 000元买了一种进口药，又向他加推6 000元清除体内抗体素的药。三天后，“欧总监出国了”，“金主任”也联系不上；直到6月底，“公司药管科杨科长”出现，称要调查公司金、欧二人骗客户钱的事情，另再为刘先生配个靠谱医生。两天后，“研发院毛院长”现身，先是谴责金、欧两人，随后表示补偿刘先生——“再花1万元，给价值5万元的药”，刘先生再次入手，并加疗程4 700元（此时刘先生已有警觉，但没报警）。8月初，“广东315消费者协会的徐女士”来电话，称抽查发现刘先生的消费很高，询问原因是什么，刘先生说自己被骗7万多元，“徐女士”称两天后促成厂方与他联系。“公司售后稽查科洪娟”来电，称调查属实，要退给刘先生6万元。此时“公司杨财务”

说退款要先交 11 316 元完税，等汇钱过去，“杨财务”称网上注册信息不对，需要修改名字重新消费，刘又“消费”了 36 980 元；而后“杨财务”称还需要办会员卡，刘汇过去 65 140 元，但对方说还要交 50 292 元的税、会员卡激活 19 800 元、涉及金额过大需买保险 55 778 元。刘先生几乎被掏空了。而此时“稽查科洪娟”来电话，表示可以减免 1 万元保险费。“公司陈经理”来电反咬刘先生伙同洪娟骗公司，让赔 9 万元，刘先生借钱汇了过去。而这时，陈经理”又开“狮口”，说“你的普通会员卡得升级，加钱”，刘先生再汇了 9 万元；“陈经理”再表示，还要交一笔税 61 608 元。刘先生汇钱后忽然感觉上当受骗只有报警。但这时，所有骗子的电话都无法打通。

在以往诸多电信诈骗中，骗子习惯引诱受害人到银行柜台转账汇款，如今随着银行反诈骗措施的加强，骗子越来越多选择了让受害人通过网上银行转账，而李先生就是这样的受害人。今年 50 来岁的李先生，在柯桥区办厂。经过多年打拼，家境还算殷实。但与一般企业主不同的是，李先生生活简朴，不喜欢交际。在向民警叙述被骗经过时，李先生懊悔不已：我从来都是两耳不闻窗外事。如果多看看报纸、电视、网络新闻，也不会有这么大的损失。2016 年 9 月 5 日，李先生接到一个电话，对方自称是电信公司的客服，说他用身份证在北京办了固定电话业务，已欠费 1 000 多元。“我从来没去过北京，怎么会在北京办固定电话业务哪？”李先生顿时疑惑不解。“你有没有遗失过身份证或者身份证交给他人使用过？如果有，就有可能被冒用。”对方顺着李先生的思路解惑。经过“点拨”后的李先生忽然想起以前曾把身份证交给朋友到银行办理业务，随即就在电话里与这位客服对起细枝末节了。“应该是你的身份证被人冒用了，你马上到北京的公安机关口头报案，我现在就将电话转入北京顺义区公安局。”对方说完，电话就转了。很快，电话里传来一位自称“北京顺义区公安局民警”的声音，李先生按照刚才“电信公司客服人员”的要求进行口头报案。这位“民警”听完后，询问了李先生的身份信息，然后说从查询的情况看，他跟一起重要案件有资金来往，这起案件情节非常严重。“你马上跟检察机关报告下，把你真实的情况跟检察院说一说。”这位“民警”要走了李先生的手机号码，并说检察官会跟他联系。没过多久，李先生接到了一位自称“检察官”的电话。“我们现在对你做笔录，你一定要遵守严格保密的规定，不能跟旁边人讲述这起案件，哪怕是自己的亲戚也不行。”这位“检察官”反复交代。李先生半信半疑，并满口答应了“检察官”的要求。“检察官”说，他会进一步核实这个案件，如果李先生跟案件没有关系，他会跟领导求情，但李先生一定要全力配合公安机关调查。之后数天，“民警”“检察官”不断跟李先生电话联系，询问李先生名下财产情况，他均如实回答，且对外守口如瓶。其间，李先生还登录了对方发来的一个类似检察院的网站，上面显示有李先生的一份“通缉令”，涉嫌一起××大案。而他自己也出现在“通缉令”上，循规蹈矩的李先生顿时惶恐万分，他至此对“民警”和“检察官”的身份深信不疑。鱼儿终于上钩了。对方以保护资金为由，要求李先生把他名下 8 张银行卡内的钱转入两张银行卡内，并让他开通网银业务。李先生按对方要求的步骤操作，到 15 日，他先后分 3 次将卡内 520 余万元转账出去。等他清醒过来，“民警”和“检察官”已经人间蒸发。

2017 年 5 月 6 日，方城县博望镇居民朱某报警称，其在 5 月 2 日上午接到手机号为 17034264496 的电话，对方自称是河北省保定市警方人员说朱某涉嫌重大洗钱犯罪要求其通过资金申请形式进行担保。朱某信以为真，遂按照对方要求，到内乡县城关镇县衙路东段工商银行自动存取款机上实施了转账操作。在此过程中，对方一直用电话指挥朱某在银行存取款机上选择英文模式进行操作，朱某根本就懂英文，只想赶紧消灾保财。事后证实，该操作将朱某银行卡中 1.95 万元以电子付款形式转至绑定手机号码为 13051336797 的银行账户中。而同年 5 月 27 日，宋某在苏州接到一个号码为 0371－69628709 的电话，说她涉嫌云南“3・19”重大经济案件，并在一个犯罪嫌疑人的住处发现了宋某的身份证和银行卡。对方给她转接了自称云南大理公安局 008720110 的电话，一位自称是大理公安的“张警官”说宋某涉嫌 200 多万元的跨国经济犯罪，人证物证都直接间接指向她，让其到大理说明情况。宋某称自己去不了，对方就告知她不能让其他人知道，说电话已录音，让她将身份证号及家庭情况等都一一说明，还让她说出银行卡后三位数以及金额。宋某如实告知后如释重负。随后，“张警官”又让其做资金公证。不久，宋某便接到了自称是北京“扈科长”的电话，说这类经济案件需要资金公证，以证明她的资金是否合法，并让宋某提供银行卡号和金额。之后，“扈科长”让宋某先把手头的钱转走验证，宋某就把 4 张银行卡上的 3.9 万余元全部转到对方指定的账户上。对方称其表现积极，不拘留她，让她尽早回家把家里的钱也转走公证，并交代宋某不要对任何人说。宋某回到老家内乡后，便接到“扈科长”的电话，宋某又按对方指示将 5.69 万元积蓄转到对方指定的银行卡上。

当日中午，宋某又接到“张警官”的电话说，罪犯又交代她在苏州还有一个工商银行卡，说有两种方法解决，一种是将她抓起来，另一种就是交担保费 15 万元，让她再打款。宋某此时觉察到可能是自己被骗了，随即向警方报案。

提醒大家的是，冒充公检法诈骗的案件近年开始呈现“案中案，连环骗”的新手法。骗子冒充“公安机关办案民警”，先对涉世未深的年轻甲事主实施诈骗，再利用甲的天真无知、缺乏生活常识的弱点，哄骗其通过协助“公安机关”办案可戴罪立功减轻自己的罪行，指引甲到其他所谓“涉案”的被骗老年人乙家中，取走乙的存折、银行卡、身份证、密码等，然后将乙的存款全部转移到指定银行账户。本是受害者，懵懵懂懂中竟又成了骗子的“帮凶”和“共犯”！事情要从 2017 年 12 月 16 日说起，一位从职业学院毕业不久的女学生小芬报警，称接到一个自称是“中国电信”工作人员的电话，对方以有人用其身份证信息在外地某市开通电话实施诈骗为由，将其电话转接给“本市公安局”的“办案民警”接听，随后该“办案民警”帮助小芬进行“财产调查”，要求她将所有资金转至对方指定的银行账户，并称等“案件”调查结束将会退还该笔资金。刚毕业步入社会的小芬懵懵懂懂，对“办案民警”的话深信不疑，并且非常配合，将所有的积蓄共 32 000 元全部转给了骗子。之后，诈骗团伙筛选出两名同样正在被洗脑配合“资金调查”的老年人，将老人家的具体住址、身份、联系电话等信息提供给小芬，还通过 QQ 向她发送一个伪造的“×市公安刑警协勤证”电子版，要求她彩色打印出来制作成“工作证”佩戴在胸前。骗子真是处心积虑，为了能够骗取更多的财产，骗子将小芬包装成一个“公安机关工作人员”的形象，骗子不惜主动向身无分文的小芬转账 998 元作为“公务用装购置费”，让她在商店购置一套像样的正装，把她打造成“国家机关协勤人员”的形象。被蒙在鼓里的小芬，穿着正装并配带好“协勤工作证”，在三天内分别到这两位老人的家中，带他们到银行网点办理网银 U 盾，转走了两位老人的存款共计 42 万元。小芬之后越想越觉得不对劲：怎么感觉对方好像是在利用我骗别人的钱啊？经过一夜辗转难眠的煎熬，次日一大早，她终于鼓起勇气拨打了 110 报警。在短短的 4 天时间内，该诈骗团伙利用小芬的天真无知，骗取了包括她本人在内的 3 位群众共计 42. 52 万元资金，还让小芬成了“共犯”。冒充公安机关、检察院、法院等国家执法、司法机关的工作人员进行诈骗。诈骗团伙持有一套成熟而逻辑严密的“剧本”，以各种无中生有的事端让群众感到恐慌、困惑，外加恐吓、威胁，而接到电话的群众大多有急于自证清白的心理特点，骗子便故作好心，将电话转接到假冒的“执法机关”进行下一步诈骗。

几个事例中的电信诈骗分子的伎俩几乎都出奇的一致：冒充国家公检法工作人员给被骗者打电话说其与一桩案件有关联，正在接受调查，需要把银行卡里的钱转移到安全账户接受调查。并且要求被害人打电话确认相关信息是不是属实。行骗成功后诈骗分子还会要求被骗者汇保释金，公安局的工作人员或其他相关国家工作人员可以让他们免于刑事处罚。

在法制化社会里，任何人没有权力对违法者说只要你拿一定的钱就可以免于处罚或不追究法律责任，这个叫干预司法公正。而诈骗分子屡屡得逞从根本上反映了社会的现状就是国家工作人员对社会管理的个人行为普遍超越法定程序，不依照法定程序进行社会管理。老百姓则认为公检法国家工作人员的行为就代表着国家与法律。频繁出现此类问题，反映的第一个大社会问题是法盲多，大多数人不知道公检法对个人的违法行为如何立案，如何收集证据，采用什么方式控制违法者；反映的第二个大社会问题就是，公检法工作人员对自己的工作方式，执法程序没有向公民进行宣传普及，老百姓根本不了解他们如何办案，以为只要是公检法的工作人员通知自己违法了就真的违法了，必须无条件服从并且接受调查；反映的第三大社会问题是钱权交易可以操控法律，钱权大于法的思想在很多人心中根深蒂固，认为自己违法了只要拿一部分钱就可以免除处罚。

记住：现实中，公安机关、检察院、法院不存在“电话办案”，没有“安全账户”。凡是要求市民做“电话笔录”、“绝对保密”、上网查看“通缉令”、接收“逮捕令”的，都是骗子。凡是自称通信、电信、银行等客服人员，以市民个人信息泄露、涉嫌洗钱等为由，主动帮忙将电话转接公安机关的，都是骗子。凡是要求市民把资金归集到指定账户，同时要求开通网银，提供银行账户、密码、验证码的，都是骗子。凡是上门索要银行账户、身份证、密码、验证码的人员，都是骗子。

10. 红颜祸端闹空痴情郎所有积蓄

“重金求子。本人29岁，女，丰满迷人，丈夫是香港富商，意外致残失去生育能力。为继承庞大家业，经协商，特寻异地男士，圆我做母亲的梦想。怀孕重谢，非诚勿扰。条件：身体健康，大学本科以上学历，有清华大学学历者优先，因为我丈夫说，清华大学是一所位于北京市的内地顶尖综合性大学，入选‘211工程’、‘985工程’，拥有国家重点学科22个，两院院士78人。清华大学以‘自强不息，厚德载物’为校训，有一百余年的办学成就和优秀传统，引领着学校一直走在创建世界一流大学的前列，努力培养具有健全人格、创新思维、宽厚基础、全球视野和社会责任感的优秀人才。”这是一则贴在清华大学附近电线杆子上面的小广告，写得既生动又撩人。不少男士都曾站在前面看上几眼，特别是上面的那张彩色照片，还真是让人有些难以忘怀。若以专业的眼光来看这则广告，骗子的目光开始盯上了生活在清华大学这里的高收入人群。

话说家住石家庄的刘子琪清早刚刚起床便接到了好友武胜的电话，说他被富婆包养的事让对方的丈夫给发现了，被暴打了一顿。现在，他身无分文躺在病床上，在那边没有朋友，只得给刘子琪打电话。刘子琪去银行把自己的储蓄匆匆存进一张卡里，然后乘坐高铁列车在傍晚的时候到了苏州。刘子琪一边摇着头急匆匆往出站口走，一边顺手接过一叠叠印刷非常考究的宣传单。正走出站口，肩膀被人狠狠一拍。刘子琪回头一看，不是武胜是谁？他笑嘻嘻地站在面前，哪里是“被暴打一顿，躺在医院要死不活”的样子？他刚要问话，武胜伸手招了个的士，匆匆忙忙把他塞进车里。两人先到了一家酒店，开了一个雅间。武胜点了几个特色菜给刘子琪接风洗尘。他敬了刘子琪一杯，才说：“大哥够仗义！我是邀你过来发财的！”刘子琪好奇地说：“不会是给我介绍一个富婆吧？”武胜暧昧地笑笑说：“你以为富婆那么好傍啊？得有缘分？我给你介绍的是一个短平快的项目。”武胜忽然看见刘子琪随手扔在饭桌上的宣传单，拿起一张指给他看，“喏，就是这种。保你不到一个月就可以财色双收。”刘子琪拿过来一看，是一张“重金求子”的小广告。他把传单一扔，说：“这是骗子啊，你也信？”武胜神秘地一笑，说：“你看的这些街头广告，当然是骗局。我告诉你的，是真的。我分身乏术，就想到了你这个人选。肥水不流外人田，是不？”武胜说，他从那个富婆的圈子里知道有人要借种生子，就给刘子琪一个机会。在他看来，一个多月的时间能挣上几十万，就像是天上掉下的馅饼，何乐而不为呢？第二天，武胜去陪那个富婆去郊外游玩去了。刘子琪独自在市里逛了一天后，忍不住打通了武胜留下的那个神秘的电话。接电话的是一个女子，询问了刘子琪的身高和年龄后，就叫他去海滨大酒店面试。同时告知这酒店就是她老公的产业之一。刘子琪在酒店大厅坐了十多分钟，电话响了。那女子说，经过她在监控摄像头的观察，对他的身材和外貌非常满意。现在，如果刘子琪只需要在酒店大门旁的柜员机给她汇五百元的“诚信金”，她马上就可以和他见面，等体检合格，就预付十万定金。刘子琪正犹豫的时候，收到一条彩信，里面是一个美女的视频照片，很是风情迷人。过了一会儿，在一个僻静的茶室里，刘子琪终于见到了这个“借种生子”的美人。丰满迷人的她让刘子琪一见之下禁不住意乱情迷。美女莞尔一笑，和他聊了几句，然后叫他去一家民营医院去做个全面体检。临走，美女给刘子琪留下一个包装精美的纸盒，对他说：“这是一盒万艾可，就送给你了。希望你不会让我失望。哦，对了，刚才也有电话和我联系了。你得趁早。”不久之后的某个傍晚，刘子琪终于拿到了各个栏目都写明“正常”或者“未见异常”鉴定的体检报告单。美女仔细看了一遍，对刘子琪说：“你倒是个十全十美的男人啊，身体各部分零件一点也没损坏。大哥，你不会是买通了医生，开的后门吧？”刘子琪连忙辩解，说自己不是本地人，才来这城市几天，哪里认识熟人去开后门。美女沉吟了片刻，说：“这样吧，为了我孩子的质量着想，你再去另一家医院做个体检。要是确实没问题，我们就签约。大哥，我们挺有缘分的，我拒绝了好几个电话了……”刘子琪此时就像怀揣着一个小兔子，禁不住拉住美女的手。美女任由他握了片刻，然后轻轻抽出手，急匆匆地走了。美女指定的第二家医院，是一家国营医院，刘子琪和武胜到了一看，照样是人满为患。刘子琪瞅准时机，悄悄对武胜提出了自己的要求，就是不要在自己的体检报告单上出现任何“不正常”之类的言辞。武胜看了他一眼，然后目光转向他偷偷塞过来的信封，做了一个手势，“三千。”刘子琪暗暗骂了一声，这国营的确实比民营的高一个档次啊，连钱都要多收一千。他从钱包里再数了十张百元钞票，递了过去。武胜一笑：“大哥，你等着好消息吧！”天黑了，刘子琪接到了美女的电话，叫他带上体检报告单去海滨大酒店的108房间。刘子琪进了房间，只见美女穿着睡衣，正坐在床边上看电视。据她说，她每次来大陆都是住在这个房间的，看来这次得住上一个月了，要确认怀孕了，才回到台湾去。刘子琪进了卫生间，洗漱一番后出来，却没见美女的身影。仔细一看，他不由得傻眼了：自己衣兜里的手机、现金和那张银行卡，全部都蒸发了。刘子琪赶紧穿好衣服，跑到总服务台去查询，却被告知那个女子五分钟前已经退房离开了。刘子琪问服务生，“你们的老板娘不是台湾人码?”服务生坏坏的乐了：“我们老板一家都是本市人啊。哪来的台湾太太。”刘子琪连忙报警，可是卡里的一万多块钱已经被取了。刘子琪仔细想了一下，他在这里只在海滨大酒店门口的柜员机操作了一次。警察仔细一查，果然在柜员机一个隐蔽的地方发现了一个针孔摄像头。刘子琪回到武胜的出租屋，没想到这里却是人去房空。刘子琪打武胜的电话，已经关机。刘子琪叹了一口气。难道是武胜和那美女合谋设局来“杀熟”，诈骗自己的钱财?

据说“重金求子”骗局在江西省余干县最火的时候，李家村民一次就批发100台二手电脑，每台电脑连一台群呼机，每台群呼机配16张电话卡，设置好号段后开始排山倒海般的呼叫。那些大妈们戴着满手的金戒指打着麻将，身边的菜篮子里放着几部手机，边玩边接电话。一知情者披露着曾经的盛况，房顶上、阳台上、马路边、麻将桌上……到处都是接电话的人。富婆求子，前期定金60万元，成功受孕后还有120万元的酬金……这种天上掉馅饼的美事，稍有防范意识的人都猜得出这是一个精心设计的骗局。然而，面对这样一个骗子惯用的诈骗伎俩，仍然有人频频上当。2016年12月20日这天，家住湖南省湘潭县梅林桥镇谷塘村四合组的单身村民李某充满了激动与欣喜。午饭时分，他的手机铃声突然响起。电话那头传来一段语音留言："你好，我是慧慧，今年30岁，嫁香港富商，因丈夫没有生育能力，特回大陆寻找健康男士，圆我做母亲梦想，通过电话联系满意，可以到你们当地见面，先付60万元定金，成功怀孕后再付120万元酬谢金，有意男士请来电话。"听完语音留言，50来岁单身多年的李某心潮澎湃。经过一番思虑之后，他终于壮着胆子按照留言号码拨了过去。电话那头传来一名年轻女子温柔而甜美的声音，称自己就是"慧慧"。李某将信将疑，针对留言中的内容又详细问了一遍，对方都一一认可。对方表示自己刊登这则广告后，有很多人都拨打电话过来，为表诚意，李先生须先行支付100元诚意金。100元实在不算什么。李某第一时间就来到附近银行，按照"慧慧"发过来的账号支付了100元。收到款后，"慧慧"答应12月22日赶到湘潭县与李某见面。而当日12时30分左右，李某听到了"慧慧"的声音。"慧慧"表示自己已经来到湘潭，现住在易俗河镇的某家酒店。"慧慧"的电话让李某兴奋不已。他赶紧从乡下赶到了市区。乘车路上，他的电话再次响起，对方说"自己在湘潭县人生地不熟，万一被李某骗了怎么办?""慧慧"说他特意在湘潭本地请了一个姓江的律师，由该律师做担保，全权负责60万元的款项，但需支付律师保证金6 000元，并将江律师的电话号码发给了李某。李某试拨了一下江律师电话，果然显示是湘潭县，他迅速联系了江律师，按照江律师的指示，为某银行账户汇去保证金6 000元。李某汇完钱后，江律师表示会尽快将60万元转入李某账户。当李某正做着发财美梦时，江律师又打来电话称，李某还要交

5%的“汇款保证金”3万元。毕竟3万元可不是一个小数目，但如果不汇款，之前交的钱也打了水漂。李某心一横，把自己多年积攒的准备翻修房子的3万元钱给汇了过去。当晚，江律师称明天早上60万元汇款就会到账。第二天早上，李某没有等到60万元定金，却接到了自称是“慧慧”老公的电话。电话中，“慧慧”的老公首先将李某劈头盖脸地骂了一顿，随后又表示出于无奈愿意答应求子一事，但要求小孩出世后李某不得再与他们进行任何联系，并要求李某办理同居证，费用为6万元。李某认为自己已深受“慧慧”的信任，才会受到其老公的阻碍，遂打电话向“慧慧”求助。“慧慧”表示自己出4万元，这样李某只负担2万元。李某立即汇走2万元。汇款后，李某与“慧慧”联系，“慧慧”哭诉自己的银行卡被老公冻结，剩下的4万元只能由李某想办法了。此时，李某银行账号上的钱已全部耗尽，他只好向自己的堂弟借来4万元，又汇了出去。12月23日清早，李某早早来到银行查询账户余额，约定的60万元连个影子也见不着，他这才意识到是被骗了。李某赶紧拨打江律师和“慧慧”电话，而两人的手机均处在关机状态。随后，李某急忙向当地派出所报警。2015年4月18日，正在重庆市丰都县城打电话的“慧慧”被抓获。经核实，“慧慧”本名叫董某，重庆市丰都县人，无业。随后，警方又根据董某提供的线索，一举将其同伙袁某和董某丈夫江某抓获。在案件侦破过程中，湘潭警方掌握了3名犯罪嫌疑人大量犯罪证据：使用的手机号及通话记录和短信记录、银行卡取款凭证、银行卡流水明细、电子数据检查工作记录，并从犯罪嫌疑人董某的电脑内搜查出大量的相关诈骗信息。

袁某在法庭上称，以前从事“重金求子”诈骗主要是靠村里的妇女来完成，大多通过专人登报或者张贴广告方式发布信息。而现在则是利用短信群发器等专业作案工具。为方便作案，骗子在诈骗中并不使用自己的真实信息。他们往往会从专人手上购买魔音手机、用假身份证明办理的银行卡、无实名登记的电话卡，这些“工具”一买就是四五套。诈骗者在语音留言或通话过程中，可以自行模仿各地方言设置语音，也就是使用魔音功能进行变声，不少受害者通常正是被这一功能所迷惑，以为对方真的到了本地要求见面。“有了魔音手机、电话号码、身份证以及银行卡之后，接下来就是跟打来电话的‘上钩者’聊情感，东扯西扯，感觉跟谈恋爱似的，只差就要开房的那种关系，一定要到那种关系。”据被告人董某介绍，“聊天内容都是大同小异，甚至网上也有重金求子诈骗教程，剧本都是现成的，聊什么话题，如何一步步深入，都有详细问答指南，只要有小学文化程度的人都会。”而在聊天过程中，诈骗者会把自己塑造成“富婆”形象，并时不时透露自己是公司老板有很多资产，老公没有性能力、在外包养情人之类。这当中也有受害者会产生质疑，但这些将回答技艺已烂熟于心的“富婆”自有应对招数。被告人董某告诉记者，当遇到疑心重的上钩对象，她就会运用心理战，或欲擒帮纵，或以情动人，或软磨硬泡。大多数受害者都抵挡不住她们的语言攻势，通常到这一步，基本上已成功了一大半。接下来，诈骗者就会声称到对方所在地去见面。“其实我们并不会真的与受害人见面，而是用模拟定位方式到对方所在的城市，再通过魔音软件变声制造已到达受害人所在地的假象，让受害人以为自己真的来了。”董某介绍说。在这个过程中，不仅冒充富婆的诈骗者要使用各种伎俩诱惑对方，还有一个搭档会与她配合。据李某受骗案中充当律师的被告人江某陈述，自己扮演了一个很重要的角色—律师，这不是谁都能搞的，既要大脑反应比较快，也要有沟通技巧，其目的就是和‘富婆’配合演双簧，向受害人连续开刀，不要断线。经审理查明，袁某等诈骗分子使用“婷婷”“琴琴”“蒙蒙”等多个化名同时实施诈骗，他们每人持有多部手机、多张银行卡，目的就是为了用不同的身份去诈骗他人钱财。警方通过调取多张银行卡的银行记录发现，短短3个月期间，这个团伙一共诈骗了44万余元，受害人遍布全国。从2010年以来，余干县先后有360余人因为“重金求子”诈骗被抓，其中200多人都来自江埠乡石溪村和洪家嘴乡团林李家村。法院依法认定在董某和江某的共同犯罪中，董某系主犯，江某为从犯，以诈骗罪分别判处袁某有期徒刑四年零二个月，并处罚金2万元；判处董某有期徒刑三年，缓刑四年，并处罚金2万元；判处江某有期徒刑二年，缓刑二年，并处罚金1万元，并责令袁某将犯罪所得退赔给各被害人。

近年来，全国各省“重金求子”诈骗案层出不穷。这个10年前就兴起的骗人招数为何至今仍有人频频中招？究其特点无非是以下几点：一是犯罪分子采用重金求子这类精心设计的骗局就是专门针对人的贪欲，特别是对那些中老年男人尤其具有杀伤力。二是犯罪分子借助现代技术手段作案。行骗者不仅有呼叫设备，还掌握了全国诸多电信号码以及筛号软件，这样作案时就更具针对性。与传统的贴广告方式相比，目标人群成几何级增加。三是骗子通常采取流动作案，受害者遍及全国。仅靠部分重灾区展开打击，尚不能彻底铲除这一社会毒瘤。而且对已抓获的犯罪分子，有时处罚过低，违法成本低。不少受处罚者，等处罚期满，又重操旧业者也大有人在。

齐齐哈尔村民杨富民直到卡上的23.2万元已经落入千里之外的王先军口袋里，他才幡然醒悟。2014年11月，江西余干人王先军和王胜国群发一条“重金求子”短信，杨富民按照短信中留下的电话号码回拨过去，对方传来一段“富婆”录音：“我叫孙贤芳，32岁，上海人，做美容生意，现已嫁到香港，丈夫是搞房地产的，因为车祸造成无法生育，准备在内地寻找一名身体健康、无不良嗜好的男性帮助受孕。同时签订协议，事成之后支付人民币260万元作为酬谢。”杨富民的260万还没拿到手，“孙贤芳”和她的“律师”先后以200元的诚信费、8 000元的同居证费、1.6万元的公证费、4.8万元的个人所得税、3.8万元的红包、7万元的解冻金等为借口，7次“挥刀”共宰23.2万元。“重金求子”的诈骗方式在余干称之为“宰猪”，受害者就是村民口中的“猪”。受害人上钩之后，“富婆”将其转给自己的“律师”开宰。“能补几刀全靠‘律师’口才，只要你没醒过来，就没完没了的补刀。”在政府名单上，江西省上饶市余干县团林李家是个贫困村。在“重金求子”骗局还未“声名远扬”之时，它只是赣北一个极不起眼的偏僻村庄。当“重金求子”诈骗方式像病毒一样在村庄蔓延时，他们似乎感到找到了一劳永逸的“门路”。一位参与抓捕的办案民警介绍，从事诈骗一年，村民收入从几十万到上百万不等，有的资产可达数千万元。很多打工者“慕名”返乡，也开始从事诈骗活动。村里原来有个考出去的大学生刘某大学毕业后留在南昌发展，十多年打拼下来，在市中心也积攒了几套房，但每年春节回家，却被村民看成“反面教材”。村里随便盖个房子就得六七十万元，在村里拿得出手的车得五十万元往上，在南昌市买房子，200万元报价的房子村里人都是全款支付。昆明经商的一名吴姓余干人介绍，曾经靠诈骗完成原始积累的村民，如今已经在云南拥有7家酒店。

2017年，因轻信小卡片上小姐上门服务的广告，盐城一男子先后8次总计汇款5万元，才意识到受骗了。事发后，盐城警方奔赴全国多个省份，将10名涉案嫌疑人控制，一举端掉该诈骗团伙。话说3月24日，盐都区公安局刑侦大队民警接待了一名神情沮丧的年轻小伙赵某。没想到该小伙一时冲动，竟然损失了5万元。原来，2月27日下午，该小伙感觉无聊，想起自己昨天记下的一张“美女上门服务”小广告的号码，便打起了该号码的主意。随后，他便拨打了这广告上的号码。没想到，自己拨打该号码后，就陷入一个又一个陷阱，结果被嫌疑人层层设套。在短短4天时间内，他先后8次汇款，被骗5万元整。在等不到自己的钱后，他才察觉上当受骗，到公安机关报警。需要说明的是，通讯网络诈骗案件，嫌疑人往往使用的是虚假姓名登记的手机卡号和银行账号，且往往是跨省流窜作案，直接给侦破工作带来了较大的难度。围绕嫌疑人使用的手机号码和银行卡号，民警奔赴湖北、安徽、四川等多个省份开展工作。特别是围绕嫌疑人银行卡上的资金流向，办案民警不放过任何一个细节。通过路面、银行等处监控，成功获取犯罪嫌疑人面貌。4月29日至5月2日，在外地警方的大力协助下，盐都警方成功抓获冯某、陈某等7名犯罪嫌疑人，另有3人在5月底投案。6月8日，经检察机关批准，犯罪嫌疑人冯某等7人被执行逮捕，林某等3人被依法取保候审。该案受骗上当者超百人，横跨河南、浙江、内蒙古、山东、安徽、江苏、四川、贵州等多个省（自治区）。8月5日，上级检察机关批准，延长冯某、陈某等人羁押期一个月，以便侦破案件。事后查明，在该系列“美女上门服务”的通讯网络诈骗案中，嫌疑人分工明确，而且收费还具有“循序渐进性”。有人在全国各地发放小广告，有人冒充送“美女”的摩的司机，有人冒充前台客服，有人冒充财务经理，而其中往往是夫妻俩共同参与诈骗。有时候，一个人可能兼任至少两个角色，如发放小广告时，同时冒充摩的司机。当有人拨打电话时，前台客服便会与受害人谈妥数百元不等的交易费，然后让受害人在宾馆开好房间，并将酒店名、房间号告诉客服。过了一会儿，司机会说已将美女送到宾馆附近，以担心受害人报警或是便衣警察为由，要求再交风险金。当嫌疑人收款后，便会以担心受害人有传染病为由，要求客户再交“体检费”。当客户发现上当受骗，要求退款时，财务经理便会以将资金换成承兑汇票为由，要求受害人补齐差额款，甚至以承兑汇票金额不停变换为由，让受害人反复补款，直至受害人停止汇款。就该案而言，嫌疑人使用交易费、路程费、风险费、体检费、补差费等借口，一步步将受害人引入他们精心设计的圈套。同样是在江苏盐城，2017 年 4 月 12 日下午，小王从某建筑工地下班后回租住房上网浏览信息，这时网页上弹出一个窗口，里面的画面不堪入目，好奇之下他点击进入了网站，看到“美女上门服务”色情信息，小王禁不住诱惑拨通了电话。对方称“美女”可上门服务但需预交定金，对方还安排美女与他通话。“美女”声音甜美，小王心动，便按照对方提供的账号到附近银行的柜员机汇去 800 元。随后，对方又以“上门服务费”“人身安全保证金”为由要求小王继续汇款，并声称美女已到小区附近，在达成交易后只收取服务费，会把定金、保证金一分不少的退还给小王。小王于是又给对方账户汇去 4 000

元。然而在支付了总计4 800元后小王左等右等也没有美女上门服务，再拨打对方电话已经无人接听。小王意识到被骗了，气愤之下报了警。

提醒各位朋友：现实生活中，很多人常会梦到“真情求缘”、“重金求子”、“借精生子”中的“美女”已来到。色情网站往往就是利用色情为诱饵进行钓鱼诈骗。遇到这种激情聊天视频窗口，要保持健康心态，自觉遵纪守法，不要随便点击进入，避免掉入诈骗陷阱遭受损失。要牢记，不要轻易向陌生人汇款。在外务工的单身男性朋友由于工作生活环境的单调乏味，往往在遇到色情网站不堪入目的表演，或者是身边异性的“体贴”关怀来袭时，会主动缴械，情愿受缚。他们认为在两性交往中，男性一方总是主动的，自然也不会有什么损失，因而自然会失去对自己钱财的安全看管。“花点也是应该的。”但骗子就是冲你的钱财去的，况且远隔千里，骗子又会有什么损失？其使用的诈骗工具成本非常低廉，成百上千条诈骗信息满天飞，就像是洒下了一张大网。只要是你这头“猪”有好色好奇的习惯，那你就极有可能中招受骗并“挨宰”。

11. 突然冒出的亲戚其实是奔着你的钱财而来

从目前已经结案的诈骗案件来看，冒充亲戚进行诈骗基本包括两个类型：一类是冒充受害人的远房亲戚进行诈骗；二是冒充重要领导的亲戚进行诈骗。而骗子最初与你电话接通时，对方也是以“猜猜我是谁”来与你进行搭讪聊天，从中套取你的个人信息。而自称是重要领导亲属的，往往打着可以安排工作、承包工程的幌子诈骗钱财。

在徐州，从2012年10月至2015年9月，汪某以类似手法对多人行骗，诈骗金额近60万元。今年36岁的汪某是邳州人，中专文化。虽然已经有了家庭、孩子，他仍隐瞒婚史，用假名字交往其他女友。20多岁的郦小姐就是其中一位受害人。郦小姐原籍安徽蚌埠，2013年3月，通过别人介绍认识了汪某，而汪某自称在中银分行工作，是一位市领导的亲外甥。因父母年龄大，才从总行调回至徐州。他在徐州是负责信贷工作的领导。当被问及为何用虚假的姓名和郦小姐交往时，汪某称他怕讲出真名字会暴露之前的婚史和真实年龄。而冒充市领导外甥，则是为了自己的面子。郦小姐称，当时自己在扬州一家医院工作，2013年国庆节辞职回家。在这之前，我们多是通过电话联系。后来，汪某以帮她找工作，给医院院长送礼等各种理由陆陆续续向她及家人要了10多万元。2015年6月，汪某又说母亲病重急需医疗费用，又向郦小姐要钱。郦小姐分两次一共给他打了9万元。”郦小姐的舅舅郑先生更惨。当朋友崔先生问郑先生有没有工程可以承包时，他很快想到了汪某。“我以前听外甥女说过，他男朋友是市领导的外甥。”当郑先生给汪某打电话时，汪某则称，市内的工程都被别人承包了，倒是邳州有一家医院室内整体装修的工程可以干。郑先生听后，非常感兴趣。几天后，郑先生和朋友崔先生与汪某相约在市区一家酒店见面。汪某说自己可以从中帮忙，但要想办成事必须得花点钱疏通关系才行。那一次，他以给医院院长买家具送礼为由，向郑某等人要了5万元。当然这5万块钱并没有送礼，而是都被他自己留下，作为己用。10天后，汪某又问郑先生是否需要工程图纸，如果需要的话，就得拿20万元作押金。如果事情能成，20万元在发公告之前会作为投标保证金，如果不成的话，会如数退还。为了承包下医院室内装修的大项目，郑先生和朋友再次给予汪某20万元。而拿到这20万元后，汪某全部存入了自己的银行卡内；之后全部用来还银行信用卡、贷款等消费一空。拿出了25万元，但工程的事迟迟没有动静，郑先生等人有些着急了。“能不能先把施工图纸拿过来?”当郑先生提出要求时，汪某欣然答应。为了不被揭穿谎言，汪某撒谎说到“图纸在二姨夫秘书的手里。”同时随口说出了那位市领导秘书的名字。其实汪某心里明白，秘书手里根本没有什么图纸。他是想拖拖时间再说，看能不能有其他的办法。汪某诈骗的可不止郦小姐及其亲属。张小姐是汪某通过电台征婚认识的另外一位女朋友。汪某同样用假名字并自称在铜山区政府上班，是一名公务员。通过张某，汪某认识了她的亲戚贾先生。贾先生也是做工程生意，想通过他联系到一些工程。汪某撒谎邳州有一家医院需要室内整体装修，但如果想承包下来，需要请相关负责人疏通关系。就这样，他两次向贾某索共计要4.5万元。汪某表示邳州那家医院的院长是他堂哥；还说医院的工程分了三个标段，投标人可以稳拿一个标段，造价至少在4 000万元。贾先生后来回忆讲，汪某称自己在铜山区负责农业扶贫工作，堂哥是邳州医院的院长，亲哥哥是南京一家银行的副行长，马上要调回徐州当行长了。邳州医院工程的项目，他虽不敢说能百分之百接下来，但是有百分之九十的把握。听他那么一吹，当时贾某就信了。被骗人员蔡女士是在一个饭局上认识了汪某，并得知他是一位市领导的亲外甥。所以当听说在医院做临时工的朋友小葛想转成正式工时，便想到找汪某帮忙。2014年11月，蔡女士找到汪某说这件事。“没事，可以办。”汪某打起了包票，说自己和该医院院长的关系非常好，办个编制的事情应该不难。第二天，汪某便说自己已经给院长打过了招呼，需要先拿5万元，额外再拿5 000元买东西。拿到这笔钱后，汪某又说得给院长买点衣服，于是蔡女士和他在一家名品店，又花了7 000元左右。在这之后，当蔡女士询问事情办的怎样时，汪某则一直在说姨夫已经签过字了，把事情交给秘书处理，应该很快就能办下来。2015年3月，汪某又以院长的名义通过蔡女士向小葛要了5万元。汪某拿到那些钱后就以各种名义进行推脱，事也没有办下来。汪某究竟是不是市领导的外甥，图纸是否在领导秘书手里，为了核实真伪，郑先生和朋友崔先生跑到市政府，找到那位秘书核实。真相让他们大吃一惊。那位秘书说，自己根本就不认识汪某，也没见过什么图纸；而汪某口中的那位市领导在徐州也没有亲戚。得知被骗，崔先生和郑先生赶紧联系汪某退钱，但对方根本就不愿意和他们见面。随后，他们报警，揭穿汪某的谎言。而蔡女士在听说汪某被抓后，才意识到自己和朋友被骗了。

与上面几位受骗有所不同的是，咸阳的张大爷在春节期间家里来了个大壮汉子，嘴里吆喝着是自己的亲戚，张大爷嘴上虽然没说什么，但是心里直犯嘀咕，自己瞅着眼前这位怎么这么眼生啊？这人到底是谁啊？那人给张大爷说，咱们一起喝过酒呀！大过年的，确实有很多人来看自己，张大爷担心是自己年纪大了记性不好，万一是哪位远亲呢？于是张大爷就试着往远亲上猜，结果还真猜对了。张大爷询问对方是不是外甥女婿的舅舅，对方承认了，自己根本就没提防。这亲戚刚认完，还没等着多说，人家先不好意思了，这大过年的来看你，也没准备什么，这二百块钱要不你先收着吧。对方整了这么一出，张大爷一看，是实在亲戚啊，两人的话匣子也打开了。张大爷询问对方工作，对方说自己干管道工程，最近承包了一个项目，干完能挣二三百万，但是因为是承包的别人的工程，上边领导儿子明天结婚，自己想送点礼，目前自己也没带这么多钱，能不能让张大爷先赞助自己一点，明天一早自己再把钱送来。他们相谈甚欢的时候，对方的电话一直响个不停。看来这位亲戚真没拿自己当外人，第一次上别人家，张口就借钱。对方询问张大爷，自己这边五个人送礼，一人送多少比较好，张大爷说每人送一千比较好，对方又给张大爷说，自己就先借五千吧。一听借钱，张大爷也犹豫了，不过这大过年的，人家都开口了，万一自己不借，传到别的亲戚耳朵里，不显得自己小气吗，于是张大爷就拿出了自己攒了三个月的工资。对方这时又改口了，说送一千太少，每人送两千吧，要借张大爷一万。五千也是借，一万也是借，于是张大爷没多想，又给这位亲戚拿了五千。谁知道，对方这时候又改口了，希望张大爷再借给他点钱，这时候，张大爷就有点怀疑了。从五千到一万，还再要？干着几百万的买卖，一万块钱都拿不出来，这是什么亲戚？张大爷这时候明白也已经晚了，这就是个骗子。但是对方人高马大、身强力壮，如果当场戳穿的话，对方来个狗急跳墙，那后果不堪设想。于是张大爷将计就计，先给他一万块钱，他前脚刚走，后脚马上报警。就在民警仔细查找线索时，嫌疑人不仅没有收敛，反而更猖狂了，几天的时间，民警又接到三起类似的报案。后来他们在监控中发现一名男子，形迹非常可疑，并且这名中年男子体貌特征和受害人反映的嫌疑人一致，于是民警认定这名男子就是他们要找的人。经过摸排走访，最终民警锁定了犯罪嫌疑人，并及时将其抓获。经过查证，11 月份以来，该男子通过同样的手段，诈骗作案近 20 起，涉案总价值 10 多万元。

2015 年，25 名青年为获取不义之财，在广东打工期间通过电话冒充他人晚辈亲戚的方式实施诈骗，共作案 200 多起，涉案金额近 200 万元。据受骗的白水县杜康镇某村村民郭某介绍，2015 年 10 月 7 日上午 9 时许，他的妻子接到了一个电话，对方自称他是妻子的侄儿“彬彬”，称自己在外地打工期间，因酒后嫖娼被警方抓获，要借 5 000 元交保证金。此前，郭某的媳妇曾得过一场大病，家里花了不少钱，侄儿曾多方帮忙借钱。既然侄儿遇到事情了郭某肯定也要帮忙。郭某讲，他从朋友处借了 5 000 元，并迅速汇款到对方提供的一个银行账号中。他刚把钱汇过去，对方又打来电话说郭某被查出涉毒，还要交1万元。他相信了并将给妻子看病剩下的1万元汇去。此后，对方又分两次打来电话，以其他理由“借”走了1.5万元。时隔几日后，郭某给侄子的父亲打电话询问侄子回来没，却得知侄子并没有出事，才发觉被骗，随即报警。经讯问，张某交代同年3月在广东茂名打工时，结识了当地人杨某并学得电信诈骗手法。此后，便购买了大量廉价手机和未实名登记的手机卡，又冒用他人身份证在华阴、韩城及江苏等地办理了银行卡，后利用所说方言为关中口音的特点，专门对渭南地区的中年人进行诈骗。该团伙通过电话随机拨打渭南地区的手机号码，接通后不主动说话，会根据对方的询问判断性别和年龄，中年男性接听的就主动叫舅或姨夫等，中年女性就叫舅妈、姨或姑，并顺着对方所说的话，冒充是接听者的晚辈亲戚，最终骗取接听者的信任。对于这些能打通并获得对方信任的电话，疑犯会做出记录。隔一两天后，便会再次打电话，以在外交通肇事、与别人打架需要赔钱要用钱等为由进行诈骗。

2017年5月16日10时许，居住在济南已经74岁的吕大爷在小区里遇到一名骑电动自行车的男子。该男子热情地向吕大爷打招呼并问吕大爷是否认识自己。在吕大爷犹豫不决时，男子又问：“您老家的亲戚里有大学生吗?”吕大爷想了想：“有个亲戚的儿子在济南上过大学。”男子称自己就是，毕业后分配到医院工作。听后，吕大爷便带着男子回到家中，介绍给老伴认识。在聊天过程中，男子借机提出想借钱，吕大爷老两口就把家中的4万现金给了他，且碍于面子未让他写借条。然后，男子借口有事离开。事后，吕大爷老两口越想越觉得不对劲，意识到被骗，拨打了报警电话。仅仅在出事不久后的6月3日10时许，蒋大爷在小区门口也遇到一名40岁左右骑电动自行车的男子，该男子称是蒋大爷老家的远房亲戚，在骗取了蒋大爷的信任后以借钱购买车库为名骗走现金2 800元。民警经过梳理分析发现两起诈骗案有惊人的相似之处，决定将两案并案侦查。通过调阅附近监控，初步掌握了犯罪嫌疑人的体貌特征。6月9日15时许，民警在荣泰小区南区将男子抓获，当场缴获赃款5 000元及用赃款购买的手机一部。张某因涉嫌诈骗罪已被警方依法执行逮捕。

上面几个事例中的年轻人与中年人被骗其实还是有赖于骗子的重要领导的亲属的"光环"，说来说去还是一个"虚荣"和"贪"字作怪。在生活中能够遇到查尔斯王子固然是"天赐姻缘"，但大多数年轻人恐怕还是要靠两人的艰辛劳作去积累幸福爱巢的一砖一瓦。年轻人由于涉世不深往往容易上当受骗，像事例中的郦小姐。但郑先生、蔡女士受骗则是贪财贪利的后果。几个实例中的骗子都是通过与中年老年朋友攀亲戚来拉近与被骗者的距离，而后提出借款要求。虽然骗子的理由五花八门，但目的都是奔着中老年人的多年积蓄。由于中老年与世隔绝且社交圈子比较窄，因而即使是出了大事，这些老人也很难相信自己就是被骗的对象。因为老年人总是认为自己阅历丰富，受骗的几率几乎是"零"；因而即使受骗后，大多数的中老年受骗者也是不愿意接受这个现实，更何况这些人是"我吃的盐比起你走的路还多!"都说越到老年越思乡，但由于许多原因造成老人与家乡的亲戚来往已经不是很频繁了，亲属的近况并非了解得很清楚。遇到突然冒出来的亲戚除了热情过度外，其基本的防范手段都不要了，哪里还有安全之感。老人其实多与这些突然冒出的亲戚聊一聊村里过去曾经发生过的事、过去曾出现过的显赫的人、过去村里亲戚的生活方式、过去村里的干部工作方法，肯定会让骗子露出不少“破绽”。顺便还要表扬一下上面事例中的当事人张大爷老两口，他们在支走家中的骗子之后再选择进行报警，这会让他们的人身安全更加有了保证。鼓励大家学习和模仿张大爷一家，因为老年人的体力毕竟不是年轻人的对手了，无谓的受伤没有必要。提醒广大朋友，特别是老年人，第一是不要相信陌生人，第二是提高自己的防范意识。

12. 收到的催交房租短信并非来自房东那里

小雯大学毕业之后便在北京西四环附近租了一套普通的楼房，并凭着自己的优秀表现找了一份 IT 公司的文职工作。由于家境殷实，因而小雯的房租一直是家里的父母帮着结账了事，小雯则是怀揣着梦想，“一定要在北京干出个人样来！好好报答父母！”小雯终日忙碌着，但一看到自己的职务和工资总是在不断的晋升，其心理还是充满着欢乐。2017 年 7 月 3 日，小雯忙了一上午了，忽然想起这个月的房租还没有交，而明天是最后期限了，她决定下班之后去给房东账户汇款，并在自己的手机备忘录上进行了记录。下午 2 点多钟的时候，小雯的手机忽然响了起来，一个陌生的电话号码发来了一条短信“你该交房租了吧？我原有的银行卡磁条坏了，请把房租汇入以下我朋友的账户‘王新工商银行东四支行 622287665000876543289’你的房东。”看到短信时，小雯忙得已经是昏头胀脑了，但她手头还有好几件事正在等待处理。小雯想也没想，直接赶到银行自助区，把 5 000 元的房租直接汇进了短信中提到的银行账户。随即妈妈的提醒汇款短信也发了过来。小雯看着妈妈的短信提醒，感觉心里热乎乎的，父母好像就在眼前。汇完钱款，小雯松了一口气，她拨通了房东李叔叔的手机，想要通知一下对方房租已经汇过去了。“李叔叔，您好！我是房客小雯。我将这月的房租按照您的新账户给您汇过去了，请查收！”电话那边传来李叔叔的声音：“今天上午我什么时候给你发过短信呀？什么新账户呀？我没听明白！”“您不是在短信里通知我您的账户更换成您的朋友新账户了吗？您说您原银行卡的磁条坏了！”小雯有些着急了。“根本就没换过，还是那个账号！”房东李叔叔那边也同时感觉到事情似乎有些不妙，他让小雯赶紧打110报警。事后小雯才从警方那里知道，这种短信都是群发成百上千，成本非常之低，只要有一人中招，骗子就会大赚一把。

2015年4月，秦淮警方破获一起电信诈骗案，犯罪嫌疑人利用伪基站伪装成房东群发交租短信，骗得全省90多人的40多万元。在警方侦破过程中，狡猾的嫌疑人将伪基站的设备安放在居民小区的出租房内并将房门紧锁，而他们自己则躲在一边进行观察，想法就是不被警方抓获。4月16日，秦淮公安分局瑞金路派出所与建康路派出所同时接到多位市民报警称，自己遇到短信诈骗。短信的内容是“我是你的房东，我的手机换了号码，房租请打给我的老婆，银行卡信息是‘刘丽 建设银行泉柳支行6217 0800 0000 4327 567’房东。”民警通过整理相关案件发现，受骗的老百姓几乎都是集中在辖区内不大的范围，相隔距离不超过500米，而汇出的钱从3 000元到1.4万元不等，而且都会在很短时间内就被转空，虽然号码不同但明显是同一人用伪基站发送的诈骗短信。由于嫌疑人使用了假的身份信息，民警只能通过追踪资金流向对案件进行侦查。很快，办案民警就初步锁定了嫌疑人的位置，因为所有的资金最终都流向了湖南省长沙市南城某新建小区。办案民警远赴湖南找到当地银行，希望能调取到有关的取钱监控。但是与以往不同，这次受害人资金被取走时竟然都是从柜台进行的交易，而取走钱的竟然是银行的职员张某。民警通过走访张某的邻居和对张某多日的跟踪调查发现，张某平日里深居简出，很少外出应酬，而唯一与张某联系较为频繁的就是他的弟弟张天。民警的目光一下就转移到了张天的身上。根据警方的调查，张天的位置正在长沙，而他前一段时间去过南京。通过对案件的比对串并，已经发案的 90 余起案件，都与张天的行动轨迹完全一致，此案极有可能是一起家族团伙诈骗案。5 月 7 日，民警赶到长沙市，通过当地派出所的配合，很快就弄清楚张天的位置。当天晚上民警就赶到张天居住的小区，可经过伪装的便衣民警去小区物业询问后，得到一条很奇怪的讯息。张天很少在本小区居住，只是定期来小区的住房看一看，打扫一下卫生。为何张天租房不“住”，让民警很是不解。经过一天一夜的蹲守，第二天夜里张天的身影出现在民警的视野里。民警火速出击，在楼房门口将张天按倒在地面。张天很快交代，由于自己很怕被警方发现，他将伪基站的机器装入行李放入了租来的空房里面，这样即使伪基站被警方用技术手段发现，他也能全身而退。此时，长沙警方也传来了消息，张某交代了另外一个作案嫌疑人、他们的舅舅陈某。三名犯罪嫌疑人被秦淮警方刑事拘留，自然会等来公正的惩罚。但家族配合作案的成功率之高还是让我们有些不寒而栗。

如果一个人找了地段好、面积适中的房子租了下来，但自己却不住，这是为什么呢？原来这人租房子是为了骗钱。29 岁的盛某原是绍兴上虞人，来到北京后，因游手好闲一直没找到正经工作。2016 年 3 月初的一天，他通过路边小广告办理了一张名叫“罗大斌”的假身份证。随后，他拿着这张假身份证来到一家房产中介公司，以“罗大斌”的名义承租了昌平区绿园家园的一套房子，并与房东签订了租赁合同，租期一年，房租三个月一付。当天，他爽快地付给房东三个月房租和一个月房租的押金。拿到房子的钥匙后，盛某却径直来到另一家中介公司，以房东的名义登记出租。2016 年 3 月中旬，两个来北京打工的年轻姑娘通过中介公司找到了该处房屋。盛某告诉她们说自己是房东，房子是他舅舅的，并大方地出示身份证，有模有样地签订租房合同。合同上写明：租期一年，月租金 2 400 元，但需要先付半年房租和押金。于是这两个年轻姑娘共付给盛某 16 800 元。6 月下旬，到了盛某该续缴房租的时候，真正的房东多次打电话给盛某，但电话一直不通。房东只好上门去催租。房门打开了，房东发现屋子里住的并不是“罗大斌”，而是两个年轻姑娘。此时，冒充“罗大斌”的盛某早就拿着钱逃之夭夭了。案发后，盛某于 2016 年 8 月回京到昌平公安分局投案自首，盛某的家属代其赔偿被害人的经济损失，取得被害人谅解。盛某在法庭上承认他租房时留下的信息以及使用的身份证基本都是假的。最终，昌平区人民法院以诈骗罪判处盛某拘役六个月，并处罚金人民币 5 000 元。因盛某于 2015 年 9 月 23 日犯诈骗罪被判处有期徒刑三年，缓刑三年，并处罚金人民币 4 000 元，其原缓刑执行部分予以撤销，决定执行有期徒刑三年，缓刑两年，并处罚金人民币 9 000 元。

上面几个事例基本反映了目前已经出现过的利用房东身份对房客进行诈骗的犯罪类型及其主要手段。现实生活中，不管骗子装扮成亲戚、房东、还是同事、同学或者领导，其实都是扮演着关系利益人的重要角色，而只要你承认或者相信了这层关系的存在，骗子就会使出“杀手锏”或者是“温水煮青蛙”式的方法向你索要钱财。因为现实中这些关系可能最让你感到真实的存在、也是你极力维护的一种社会关系。诈骗分子以这种关系向你索要钱财，受害者往往碍于情面而很难推托。特别是亲戚或者房东这种会经常直接面对的利益关系人，更加需要处理得当才行。况且“远亲不如近邻”的道理谁不知道哪？需要提醒大家的是，骗子骗术多种多样，而且有一定“演技”，无论是房东出租房屋，还是租客租房，都不能轻信对方。尤其是租客在签订房屋租赁合同前，一定要注意查看房东的身份证、户口本、房产证等证件。有条件的话，最好到派出所或居委会、物业和房产部门咨询，掌握确定房东的真实信息。另外，在汇款前及时与房东进行电话或者短信沟通、或者通过微信及时联系一下，都会避免类似事件的发生，不给犯罪分子以可乘之机。

13. 绑架是假诈财是真

徐阳和刘珍原本是辽宁一家机械加工厂的职工，由于国企改革的需要最终双双下岗在家待业。后来两人一商量，与其在家等着政府救济安置还不如自己拿着工龄补偿款到南方的城市去闯一闯。两人来到福州并经营起一家商铺。由于两者的勤快与精明，商铺的效益也是可圈可点。两人在生活安定之后有了自己的小孩徐闽生。徐闽生天生一副好脑子，学习成绩在学校里是数一数二的。2017 年过了清明正值孩子 12 岁，小学四年级。两人视儿子为生命，十分疼爱，但对孩子的学习要求则一点也没有放松。2017 年 5 月的一天，闽生提出要和几个同学出去一起郊游，一天就返回。夫妻俩给孩子书包里装满面包、香肠和饮料，并再三嘱咐注意马路上的交通安全，不要和陌生人随意搭讪。闽生"嗯嗯"答应着，同时背上自己的书包，蹦蹦跳跳的跟着门口的同班同学一溜烟似的跑走了。闽生走了一个小时后，徐阳店铺里的电话响了起来，一个陌生的男子声音从听筒里传了出来："你的儿子被我们绑架了，如果你要报警，我们就会马上撕票！"徐阳过去只是在电影电视剧里看到过绑架杀人，没想到如今就在自己的身边，徐阳不由得惊出了一身冷汗。十分钟后，电话铃声又重新响了起来，这回徐阳好像明白了点什么是的，急急忙忙想证实一下儿子的声音。电话听筒里传来了孩子求救的哭声，"我们哥几个就是缺点钱花，想让兄弟帮帮忙，破点财！只要你的赎金一到，我们马上放人，孩子毫发不损！”“多少钱？”“不多，3万元就够！”撂下电话，夫妻两人又惊又怕，半信半疑。闽生刚刚离开也就一个多小时的时间，怎么可能被绑架哪？这时，电话铃声又响了，听筒里再次传来孩子时断时续的哭声，“妈妈快来救我！”刘珍有些着急了。“限你两个小时之内把钱打过来，不然就等着给孩子收尸吧！”陌生男子恶狠狠的叫嚣着。两口子经陌生男子一折腾，顿时是乱了方寸，也没有心思再辨真伪了。为了孩子的安全，他们赶紧赶到银行自助设备区将钱转汇到对方指定的银行账号里面，并赶紧通知陌生男子钱已经汇过去了，请赶紧放了他们的孩子。而此时，电话那头反而安静了下来。夫妻俩一直等到下午3点多钟，忽然看到门外闽生蹦蹦跳跳的跑了进来。闽生根本就没有被人绑架，自己上当受骗了！徐阳和刘珍知道自己上了骗子的圈套，随即向公安机关报了案。2018年1月，福州警方抓获了该三男一女的诈骗团伙，他们四人流窜作案，诈骗金额已达数十万之多。

2017年5月7日，广州番禺警方接到市民严厉强的报警，称自己年仅20岁的女儿严燕遭人“绑架”。严厉强称，5月5日下午，小严离开家里外出后就没有回家。5月7日上午，他接到一个电话，对方称已经绑架了小严，要求支付40万元赎金，还收到小严发来的手脚被绑、嘴被黑胶纸贴住、蹲坐在墙角的照片。接到报警后，番禺警方立即成立专案组调查追踪发现，小严在5月6日下午从家里离开后，乘坐地铁到了滘口客运站，坐上了前往南海大沥的大巴。在大沥下车后，小严又坐上了前往顺德方向的大巴，最后在顺德大良下了车。警方通过公共安全高清视频监控建设的“雪亮工程”，收集、翻查视频监控录像后，发现了不少蹊跷之处：小严都是独自行动，并没有人身自由受到限制的迹象，身边也没有其他可疑人员跟随。警方立即组织警力赶赴大良，于5月9日傍晚18时左右，在大良的一个旅馆内找到了小严。小严当时处于人身自由的状态，民警在其身旁和居住地附近并没有发现可疑人员，但是在房间的抽屉里，找到了严厉强收到的小严被绑架图片上同样的黑尼龙绳、黑胶布等。小严到底经历了什么？在民警的耐心安抚和劝导下，小严终于道出了被“绑架”的原委。原来，5月2日下午13时，小严在家里接到一个陌生来电，对方称自己是电信局的工作人员，称小严在武汉开通了一个涉嫌发布虚假信息的手机号码和一个银行账户，用于违法犯罪。小严在电话中连忙否认。对方称可以帮助小严洗脱罪名，并将电话转接到“某公安机关”，要求小严在电话中向“民警”报警。电话中的“民警”向小严称，经过查询，发现小严涉及某银行行长的一宗200万元的洗钱案，该行长已经被逮捕，并供认小严是他的同伙，公安机关将于当天15时30分前依法将小严拘捕归案。小严立马方寸大乱，迫切希望洗脱罪名。在“民警”帮助下，电话又被转接到一个自称是“某最高人民检察院”的“检察官”手中。电话中，“检察官”称该案已经涉及国家机密，要求小严保密，并要求小严立即将个人资金转入监管安全账户里，否则将马上依法拘捕小严。小严为自证清白，连忙答应转账要求。对方还在电话中帮小严出谋划策，教唆其离家出走到外地藏匿，编造理由，向家人索要赎金40万元。按照对方指示，小严坐车先到顺德，在旅馆开了一间房，之后购买了剪刀、黑尼龙绳、黑胶布等工具。回到旅馆，小严自己用黑胶布、黑尼龙绳把自己绑好拍照，再把照片发给家人。随后由

"检察官"假扮歹徒打电话，向小严家人索要40万赎金。5月14日，严厉强父女专程来到番禺区公安分局沙园派出所对公安人员表示感谢。

家住邯郸南环路的李吾寥总是终日无所事事，但由于不工作得不到收入，周围亲戚自然看不惯他的好吃懒做，并时常投来鄙视的目光。妻子对家里的经济收支更是控制得滴水不漏，这让李吾寥很难有接触到钱款的机会。李吾寥看到周围的朋友都穿得体面照人，而自己至今还是一副寒酸相，他觉得自己受到了"不公正"的待遇。摸着自己瘪瘪的裤袋，他感到缺钱是当务之急。再三思考之后，李吾寥决定铤而走险一次，他将罪恶的目光瞄准了自己的妻子。对，花钱找"陌生人"打电话就说自己被绑架又放了出来。接到陌生电话后，小李的妻子十分心慌，立即打电话向小李询问情况。小李的妻子得知小李当时的情况确实跟"陌生人"所描述的一模一样，便开始相信小李被人"盯"上了。小李在接到妻子电话后，也假装很害怕的样子，并向当地的派出所报了案，声称被人跟踪了。其实，这是小李先在出租屋内把手机设定成定时拍摄的模式，对准墙角位置。然后，小李把自己的头发弄乱，把上衣撕破，制造出一副被殴打的样子。最后，小李用事先准备好的白布塞住自己的嘴，并且用绳子把自己的双手绑住，蜷缩在墙角里开始拍照。除了在出租屋里，小李还跑到附近山上的防空洞里，把自己"绑架"后拍照。在拍好照片后，小李开始用事先准备好的电话卡给妻子打电话。拨通自己妻子电话后，小李冒充绑匪，声称小李借钱不还，所以把他绑架了，并要求拿86 000元来赎，否则就撕票。由于用假音冒充绑匪，担心自己的声音会被识破，打了几个电话后，小李开始发短信跟妻子交流，并通过手机彩信将事先拍好的照片发送过去。在接到“绑匪”电话后，小李的妻子担心丈夫安危，在缓住“绑匪”的同时向公安机关报了案。7 月 4 日晚 9 点左右，白马山派出所接到小李妻子报案，称自己的丈夫在工业园附近被人打伤头部后绑架，绑匪向其索要 86 000 元，双方仍在不断联系中。民警赶到小李家后，对双方之前的短信及通话内容进行查看。在对案件了解后，民警发现，绑匪存在明显可疑的地方。一般来说，绑匪由于害怕留下证据，给受害人家人打电话或发短信都很少，说话的内容也很少，不会表现的太主动。而对方在勒索的过程中联系很频繁，说话也很罗嗦，光短信就发了 70 多条，而且绑匪还曾经联系过报案人的母亲，这都有些不正常。民警看到这些短信后产生了怀疑，随即对李吾寥进行了突审，而李某在强大的压力下有些扛不住并最终交代了事实的真相。嫌疑人李某目前还在市中区公安局接受进一步的审查，相信事实很快就会弄清楚。

想不到这起绑架案中隐藏着一个惊人的秘密。2017 年 1 月 23 日晚上 11 点多，王女士来到银川市公安局黄河东路派出所，她面色焦虑，心情急切，手机上的一条短信让值班民警立刻紧张了起来。王女士告诉民警，这条短信是用丈夫的手机号发送的，期间还有人多次威胁王女士，让其尽快将钱打进指定账户。王女士与其多次沟通，由于十分担心丈夫的人生安全，最终将钱打到了指定账户上。随后，黄河东路派出所立即联合金凤区公安分局刑警大队，出动四十余名警力，立即展开抓捕救援行动。经过近十个小时的努力，民警终于锁定了发送短信人的位置是在吴忠市利通区某医院内，民警立即赶赴现场。当民警达到现场的时候，令人惊讶的一幕又发生了。本起绑架勒索案最终却是虚惊一场。经民警审讯，樊某平因经济原因萌生了向妻子骗取5万元钱的恶念，最终自导自演了一场自己被他人绑架的闹剧。樊某平由于谎报警情，扰乱社会治安秩序，受到予以行政拘留十日的处罚。

审视上面几个事例中相关人物的所作所为，大家普遍会感觉到徐阳和刘珍多少有些荒唐无知，但像李吾寥、樊某平谎报假警则触犯了法律。报假警是对警力资源的一种极大浪费，而报假警的人最终也要为自己的行为承担刑事责任。冒充被绑架的骗术一般都会利用当事者情急的心理，在说出至亲出事之后，当事人一般只记得着慌，却顾不上分析原因。徐阳和刘珍如果静下心来仔细回忆一下孩子的行踪或者想办法先和孩子联系一下，恐怕上不了骗子的“当”。提醒大家注意，接到类似电话，在不能确定是否真实的情况下，首先应当稳定情绪，在第一时间内通过有效途径联系子女或家人并报警。警察会用更加专业的眼光帮您进行分析判断。

14. 中老年投资被骗除了不懂还因自己禁不住“诱惑”

近几年来，中老年投资被骗的事例比比皆是，很有些像滚雪球一样。不少媒体都将原因归于中老年人好贪小便宜的心理，其实没有这么简单。中老年人的大部分虽然都经历过“苦日子”，但他们对子女在钱财方面都是非常无私的，同事之间出现困难也会慷慨解囊，小恩小利并非就能轻松把他们拿下。改革开放以后，看到许多人靠着知识和能力迅速富足起来，并积累了不小的个人财产，有些中老年人多少还是会感到心理不平衡。但是，无论是知识还是能力方面已经渐离社会越来越远的这部分中老年人，许多人的心理同样渴望着能够赚到大钱。因而社会知识特别是投资知识多少有些欠缺的这部分中老年人很容易在骗子的忽悠下中招破财，更何况有些骗子还颇懂些人文关怀之类的心理战术。相关数据显示，城区中老城区多是中老年人投资受骗的重灾区，这些区域的中老年人一是数量多，二是学历高，三是积蓄厚。

在鹤山做生意的卢先生从没想到自己竟然会有一天被请到警察局里去“做客”。忐忑不安的他来到广东省鹤山市公安局经侦大队后，映入眼帘的是一大堆似曾相识的宣传册页。宣传册里赫然印着：投资额 10 000 美元起；不到 20 000 美元的，月利率是6%；投资超过20 000美元的，月利率是7%；投资超过30 000美元的，月利率是8%。投资越高回报越高。有的投资项目，月回报率竟然达到15%，年回报率超过了200%。若按照一个投资周期18月计算下来，10万元可以拿到28万元，将近300%的回报率。这款由嘉盛公司推出的超高回报率的投资项目，对鹤山的民间投资者产生了巨大的吸引力，一度成为鹤山区的投资翘楚。办案民警对这个回报率感到非常惊讶，对它的经营资质产生了怀疑。但社会上不断有人传说，某某人又发了，某某人又暴富了，都是因为投资了嘉盛公司的项目。公司的人已经做了大半年差不多一年，他们全部都是开豪车。卢先生本是一个非常谨慎的投资者，对这种高额回报的投资项目从来不敢问津，因此刚开始的时候，他也坚决拒绝。为了让他掏腰包，嘉盛公司的投资顾问，竟然花了长达八个月的时间来啃这块“硬骨头”。后来事主宋先生回忆说：3万美金每个月可以拿到8个点，每个月能拿到15 000多元，拿过5、6次。嘉盛公司不断把这些案例讲给卢先生妻子听，最终卢先生还是动摇了。他受嘉盛公司的邀请，参加了嘉盛公司组织的一个聚会。在会上，看到嘉盛公司展现的强大实力，见到了众多成功的投资者，这一刻，卢先生的顾虑彻底被打消了。卢先生总共投资了1 628 800元。这是卢先生多年积攒的血汗。按照合同，他第二个月就可以拿到10多万元现金收入，比任何其他投资项目的回报率都高。可让他万万没想到的是，他的这个发财梦刚开始就破灭了。原来嘉盛公司的投资顾问告诉他，每个月的回报现在不发现金了，连他投资的所有本金一起改成股票，公司正在上市，以后可以得到更丰厚的回报。后来卢先生讲：我一个月利息都没有拿到，现在反正送很多股票给你就是了。此时的卢先生只好盼望着，手中的股票尽快变现，收回投资。可是嘉盛公司再次让他失望，相关人员说公司仍然没能上市还要再等，卢先生这才如梦初醒，确信自己被骗了。也就在此时，嘉盛公司的活动引起了鹤山警方的注意，警方悄悄对嘉盛公司的资金背景和经营范围展开了调查，调查中警方发现，这个公司的总公司是马来西亚的马胜金融集团，而马胜金融集团的投资项目在云南曾经被查禁过。2015 年 5 月，台湾警方同样也对马胜金融投资项目进行了打击。警方判断嘉盛公司很有可能涉及违法犯罪。首先进入民警视野的就是劝说卢先生下水的投资顾问刘某松，刘某松是鹤山本地人，2013 年接触到马胜金融集团的投资项目，当时他觉得回报率非常高，就试着投了一次。据犯罪嫌疑人刘某松讲：跟我最早的那一期，我们投资的是 7 万元，然后每个月的 6%、600 美金左右，拿了 12 个月。有这样丰厚的回报，刘某松获得了巨大的动力，发展的客户积极性越来越高，而且自己的投资也在增加。投资的人越来越多，钱来得也越来越容易，刘某松决定大干一场，于是辞掉了原来的工作成立一家新公司，专门负责推广马胜金融公司的项目。嘉盛公司在鹤山共有八大股东，号称“八大金刚”。他们每个人都像刘某松一样既是投资者又发展了很多新投资人。表面上看去，嘉盛公司似乎没有什么不对的地方，但当警方到当地银行同业协会进行调查后，就发现了严重的问题。在这些所谓“投资顾问”巧舌如簧的鼓动下，有不少人都拿出全部家当投进了这些子虚乌有的项目中，而刘某松和那些所谓的“投资顾问”，也在这些受害者身上发了大财。刘某松最多时一个月的业绩可以达到 1 000 多万元，所以他一个月按照推荐的至少可以获得 100 万元。嘉盛公司的“八大金刚”

虽然挣了钱，自己的本钱也早就捞了回来，可毕竟还有资金押在里面，客户多数是亲戚朋友，如果造成投资损失他们也无法交代。就在他们焦头烂额地无法将谎话继续讲下去的时候，此时一个所谓的马来西亚特使的出现又让更多的人成为了受害者。民警调查发现，马胜金融集团在马来西亚重新注册一家公司，取名旺盛金融集团，蔡某作为该公司的特别代表，负责接管在中国地区的业务，一方面把过去的投资变成香港皇家控股集团的股份，另一方面还要继续融资。他并没有取得过一个正式的股权证书。投资者虽然持有各种疑问，也曾经提出过抗议，甚至要求他们退还投资，可是当初双方签过协议，投资和所得利润可以转为期权和股票，因此只好被他们牵着鼻子走。嘉盛公司就是这样在骗取投资者的原谅和信任，并以旺盛集团的名义展开新一轮的集资行动。截止到 2016 年春节，嘉盛公司吸收的资金在 2 亿元左右，受害群众达到 3 000 人。从账户的资金流向可以看出，这些钱已经从境内流到了马来西亚，那么这么大的资金量究竟是怎么流出国境的呢？经过反复调查，民警终于找到了答案。原来，2 000 多万元转到颜旧怀的账户上，颜旧怀很快就把钱分到了几百个不同的账户上。民警根据账户的信息，在广西南宁找到了王翠丽，王翠丽说这个账户早就以 300 元的价格卖掉了。民警顺摸瓜又调查了三个中间人，终于查到了账户真正的持有者颜旧怀，发现他在 2014 年到 2016 年两年多的时间里，一共有 15 亿元的资金流进他账户，然后很快又分散出去了。民警进一步了解颜某的身份，发现他与蔡某一样也是马来西亚人，华裔，经常往返于中国和马来西亚，常住广西南宁，没有正当职业，经常出没于豪华酒店。办案民警忽然感觉到，颜旧怀很可能就是一个地下钱庄的经营者。在公安部及广东省公安厅等部门的指导和协调下，鹤山警方决定对他们进行抓捕。2016 年 5 月 14 日凌晨，分布在广东和广西的民警同时采取行动，该案涉及到的 35 名犯罪嫌疑人全部落网。蔡某在他的住处被抓获。经过核算通过颜旧怀转移到马来西亚的资金将近 15 亿元，至此这宗跨国非法集资案成功告破。

从 2010 年一个 60 万元的资金缺口，到 2013 年上亿元的资金黑洞，路遥的贪婪和侥幸，使他多次错过了解决问题的良机，致使债务如雪球般越滚越大，最终落得家财散尽、亲友疏离。2013 年 1 月 17 日中午 12 点，某家银行上海分行门口聚集了将近 80 人集体进行维权，该行前信贷科副科长路遥被指诈骗上千万元。受骗者之一的杨小姐称，其于 2012 年 12 月 6、7 日借了一笔过桥资金给某家银行上海分行员工徐锋，还款日为当月 10 日，但徐锋并未按时归还。经事主多番询问后，徐锋才坦承其将钱悉数借给了一名叫路遥的工行员工，本金已收不回来。2012 年 12 月 14 日，路遥迫于压力终于向几位受害者摊牌。据路遥当日称，其于 2010 年借了 60 万元给王鑫荣，但在借钱后不久，王就被逮捕，形成了一个资金漏洞。而正是这 60 万元，使路遥踏上了不归路。最初，在没有其他收入来源的情况下，路遥只能通过借稍高于这个缺口的钱来付清本金和利息。当借来的钱快要到期时，路遥只能再借更多的钱补上。到临近东窗事发时，路遥给出的月息甚至高达 9%。很显然，随着资金窟窿在这个反复借贷的过程中逐渐扩大，仅仅靠赚利差已经无法弥补缺口。能借到钱只能拖延问题爆发的时间，而治本之道还是要能赚钱。路遥必须有其他生财之道。于是，他铤而走险，瞄上了风险极高的黄金期货。但事与愿违，路遥两笔共计1 000多万元的资金，最终因炒黄金期货而直接亏掉。路遥感叹，我只是一门心思的想把时间赢出来，看看外面还有什么项目和单子可以做，我已经中了邪了知道吧？我一直在想，到底是2千万元断，3千万元断，还是4千万元、5千万元断，但最终还是没有断。14日当日，路遥给债权人写了一份情况说明，承认其欠债总额约1亿元。资金链断裂后，路遥开始遭到债权人的讨债。路遥称，因为高利贷的关系，部分债权人有涉黑的背景，来自福建的大债权人，已几乎将其家产洗劫一空。路遥表示，其私家车已被债权人当做利息直接过户，而父母住的房子也被债权人强占，目前父母已被逼搬离住所。我现在什么都没有了，只有一本驾照。三年来，路遥一个人是怎么运作这些资金呢？这与其信贷科副科长的身份息息相关，而其借用资金的名义则是“过桥贷款”。所谓“过桥贷款”就是借款人帮贷款人暂时还清上一笔贷款，待银行批下新贷款后，贷款人再还给借款人本金和利息。这是银行业内公开的秘密，银行一般会要求贷款人在新贷款批下来之前必须还清旧贷款，这在客观上刺激了过桥贷款的需求。据投资人杨小姐表示，其收取的利息为每日千分之1.5，节假日不计息。经计算，月息可达3%，若业务繁忙，100万资金一个月可轻松赚3万元。路遥会谎称其客户需要资金过桥，路遥也能够给债权人提供“过桥贷款”业务水单，而工行信贷科副科长的身份也让债权人放松了警惕。熟悉银行业务经营的朋友都会说，“过桥贷款”非常常见，但银行不会公开的推出这种业务，至少放贷银行不会为客户提供此类资金帮助。现在信贷员做业务的自由裁量权还是挺大的，对外东拆点西借点的情况很多，也很正常，领导一般不会过问资金的来源。领导肯定是知道这个情况的。在路遥东窗事发后，多位事主曾聚集在工商银行上海分行讨要说法。但相关银行称，路遥的所作所为系个人行为。表面上看，路遥的行为确属个人行为。但在路遥与苦主的对话中，却暗示银行在事发初期就已多少对此知情。路遥在 2012 年 12 月 20 日与债权人对话时表示，领导已经事先知悉此事，行里面处理这种事情全部都是冷处理的。而从路遥手机中获取的短信记录亦显示，路遥还曾让其同事范某代收一份闸北区寄来的法院应诉通知。其实在 2012 年 10 月份，已有人向徐汇区派出所报案，称路遥欠其大额资金未归还。路遥于 12 月 12 日才提出辞职，而报案时路遥尚在职。据悉，该案因金额过大目前已交由公安局经侦部处理，路遥和另一关键人徐锋目前已接受经侦部门调查。

2015 年，广州越秀区公安分局接到谢某等人报案，称被位于越秀区广州大道北新达城广场南座 6 楼 613 室的广州天泽实业有限公司以投资该公司生物柴油、种植麻风树项目为由，承诺每年可获得 17% 至 26% 高额利润为诱饵，先后多次与该公司签订了借款合同，交纳投资款 160 多万元，最后造成损失 155 万多元。越秀区公安分局对该公司涉嫌非法吸收公众存款开展立案侦查。经查，该公司从 2007 年至今，以投资养老城等项目名义，承诺每年可获得 17% 至 26% 利润，以公司法人代表曹某个人名义，向社会不特定对象，以一年期还本付息的方式，进行非法吸收公众资金。公司通过招聘大量业务员，在街边向群众派发宣传单，打电话游说，组织旅游、抽奖、送小礼品、老客户介绍新客户等形式发展客户到公司进行投资，并签订借款合同，进行非法集资。警方对该公司执行逮捕 53 人，主犯曹某以涉嫌集资诈骗罪被批捕，其余嫌疑人以涉嫌非法吸收公众存款罪被批捕。此案公安机关前后接到 3 282 名事主报案，统计非法吸收公众存款金额达 7.17 亿元。调查过程中办案人员发现，曹某把涉案资金转入其公司员工陈某的私人账户，购买了 2 000 万元基金，为其儿子购买了 900 万元的分红型保险产品。该公司名下还有多辆名贵汽车。而天泽投资对外宣称的投资项目均处于停产或未动工的状态。2017 年 6 月 5 日上午，广州市中级人民法院在第一法庭公开开庭审理天泽能源集团有限公司法定代表人兼董事长曹刚等 14 名被告人被控集资诈骗一案。公诉机关指控 2005 年 4 月，被告人曹刚在越秀区成立广州市理尔生物科技有限公司，之后变更公司名称为广州市理尔生物工程有限公司、广州天泽实业有限公司，至 2012 年 4 月变更为天泽能源集团有限公司，被告人曹刚担任法定代表人兼董事长，被告人曹强担任总经理。2008 年至 2015 年间，被告人曹刚在未经金融管理部门批准的情况下，以天泽公司集团市场部、新达城分公司、荔湾分公司等为营业点，伙同同案被告人以上述三个部门的其他员工，以路边派发传单、组织免费旅游、举办有奖活动、举办大型宣传活动等方式，虚假宣传天泽公司业绩，以 14% 至 28% 不等的高额利息为诱饵，诱骗公众投资被告人曹刚在湖南省经营的“生物柴油”项目和广东省清远市“颐康养老城”项目，采取由湖南天泽生物能源股份有限公司等作为担保方，以被告人曹刚个人名义借款的形式，向不特定的社会公众非法集资。在此期间，先后与被害人签订合作经营合同或者借款合同，并由被告人曹刚出具借据。款项到手后，上述三个部门的总经理和各级员工分层级按比例提成 30% 以上，剩余款项由被告人曹刚支配。被告人曹刚除将少部分资金投入项目经营外，部分资金用于购置豪华汽车等高档消费品供个人使用，部分资金以低于向被害人借款利息借给他人使用，部分资金被转移。经司法会计鉴定，2008 年至 2015 年间，天泽公司曹刚等人向 4 794 名被害人非法集资合计人民币 11.14 亿元，扣除返还给被害人的利息合计人民币 0.733 亿元，造成的实际损失合计人民币 10.41 亿元。

上面几个非法集资的事例反映出了非法集资的特点：一是未经有关金融管理部门依法批准或者借用合法经营形式吸收社会资金；二是公开进行，也就是集资活动通过媒体、推介会、传单、手机短信、微信、微博等社交途径向社会公开宣传，且虚假宣传居多；三是高额利诱，即承诺在一定期限内高额还本付息或者给付回报；四是面对社会不特定对象，即向社会公众不特定对象吸收资金。就目前来看，非法集资名目繁多，主要有债权、股权、商品营销、生产经营四大类，具体表现是：借种植、养殖、项目开发、庄园经济、生态环保投资等名义进行违法集资；用商品销售与返租、回购与转让、发展会员、商家联盟与“快速积分法”等方式进行非法集资；以签订商品经销合同等进行非法集资；利用民间组织或地下钱庄进行非法集资。非法集资先从给中老年投资者“画饼”开始，而后是举办各种大型活动“造势”，待所有投资者都对项目坚信不疑之后，便大额“吸钱”，当然在吸金之后自然是“跑路”了。如果现实中您看到了下列现象发生：许诺超高收益率，以个人账户或现金收取资金，现场交本金即付部分提成、分红或利息，在人群流动或聚集区摆摊设点派发广告招揽资金，在宣传单上吹嘘所推销的项目受政府及其领导支持，怂恿群众将房产抵押获取银行贷款后投资所谓“项目”或“理财产品”，招揽群众到宾馆、写字楼参加“投资推介会”，群发短信介绍投资理财，那您遇到的极有可能就是“非法集资”了。需要提醒大家的是，因参与非法集资活动受到的损失，由参与者自行承担，所形成的债务和风险，不得转嫁给未参与非法集资活动的国有银行、其他金融机构及其他任何单位。怀疑自己已经陷入非法集资漩涡中的中老年朋友，应第一时间到公安部门报案，配合做好调查取证工作。报案越早，挽回损失的机率就越高一些。许多中老年投资者发现自己被骗后，往往把挽回投资损失的希望全都押在公检法机关身上，并天真的认为政府能够找回自己的全部财产。这时，他们又似乎忘记了自己当初见到利益诱惑时的“贪婪”，而马上陷入了另一种“天真”的梦想。

15. 网站购物购来的是个“陷阱”

银川永宁县的庞某还在网购菜鸟级水准，2016 年 8 月 8 日 15 时，庞某在淘宝购买商品时，店方通过 QQ 给庞某发过来一条链接，庞某遂点击链接网址进入查看，并在该网站内根据提示进行操作，填写了手机号码、登录密码、验证码等信息。后庞某担心被骗，则通过 QQ 反复追问对方是不是骗子，对方则不慌不忙以各种谎言来骗取庞某的信任。不久庞某对其绑定快捷支付的银行卡进行查询，这才发现卡内的 20 万元已不翼而飞。庞某急了！15 时 50 分左右，庞某质问对方的口气越来越强硬，对方则用各种理由搪塞庞某。庞某似乎感觉到事情有些不妙了，他选择了报警。16 时左右，永宁县公安局刑侦大队民警在详细听完庞某的讲述后，判断这是一起典型的网络诈骗案件，但由于这种诈骗方式店家无法获取到买家的银行账号信息，因而想将受害者的钱款诈到手还需进一步套取银行卡号和支付密码信息。好在庞某的登录密码和支付密码信息平日都是分开设置的，否则即使是接警止付平台恐怕也无济于事了。民警在调查的过程中，发现该起诈骗案件有一定的矛盾点存在，对方在已经骗走庞某的 20 万元后，还在和庞某联系，这引起了大家的注意，民警判断被骗的 20 万元对方可能还没有收到，对方应该是使用了某种特殊的诈骗手法，让被害人和银行无法查询到余额，且对方还应进一步通过被害人的相关操作之后，其才能真正得逞。民警立即联系淘宝客服和银行进行相关拦截操作。在大家心急如焚的 18 分钟后，银行客服工作人员反馈来了一个好消息，被害人庞某的 20 万元如数回到了银行账户上。已不报多大希望的庞某如数收到退款，他激动不已。但此番经历还是让他多少感到有些后怕。

2016 年 7 月 7 日，来自上海的王小姐在天猫商城促销活动期间在某家装商店购买一副 328 元的进口版热销晾衣架，提交订单的半个小时后。有位自称网店客服的骗子通过电话联系王小姐，告诉她“因为订单有问题，需要退款，所以需要王小姐配合”。因对方能准确的说出其购物信息，因而王小姐确信对方是网站的客服无疑，并同时告诉了对方自己的 QQ 号码。随后骗子发送了 1 个伪造的淘宝链接给王小姐，王小姐打开“淘宝网异常订单处理中心”的链接并开始操作。但当王小姐在登录页面发现需要填写支付密码时，当即就引起了她的警觉，以前登录账号根本就没有出现过在登录后需要输入支付密码的情况。对方声称这是淘宝退款的正规流程，并要求尽快操作，否则就会超时冻结资金无法退款。王小姐一听到冻结无法退款，赶紧按照骗子的要求输入了支付宝密码，并点击“登录”按钮。骗子通过这个模拟官网首页的钓鱼页面就轻易的拿到了王小姐的支付宝账号信息特别是最重要的支付密码，已经可以在一些未设定安全保护的账号上进行转账和支付，但部分设定安全保护的账号还是无法操作。王小姐输入完支付密码后，网站则又弹出需要输入银行卡相关信息的页面，随后被诱导填写了自己交通银行卡的取款密码、登录密码等重要信息，并点击获取手机验证码。此时骗子通过支付宝账号里的信息和王小姐在此页面填写的银行卡信息，成功的登录到网上银行并开始实施转账操作，并在王小姐点击获取手机校验码的时候，同步点击网上银行转账需要确认的手机验证码按钮。王小姐随即收到发卡银行发来的网上支付确认短信，当她质询骗子为何网上银行会扣款时，骗子告诉王小姐注意网页的弹窗提示，该提示解释本次的短信通知是虚拟资金退款验证码不会造成账户钱财任何亏空。当王小姐打消顾忌输入手机的验证码点击确认退款按钮时，页面突然弹出验证码输入超时的窗口。王小姐只好再次点击验证码，继续输入手机发来的验证码，结果页面又显示验证码错误。其实此时骗子正通过王小姐在钓鱼页面输入的手机校验码，开始通过网上银行来转账银行卡里面的钱，因为每次转账的交易限额等原因，需要多次转账，每次转账都需要用户手机的校验码。最后当王小姐多次输入手机验证码，对方告知王小姐本次操作超时，需要再次打电话联系官方后就失去了联系，王小姐觉得有些不对劲，马上登录网上银行发现其银行卡所有的钱已经被转空了。

2017 年 8 月，家住湘潭的于小姐在朋友圈看到有人卖东西，感觉到那里价格便宜。于是于小姐挑选好之后向对方转账 1 600 元。但转账后，却迟迟不见对方发货，再去询问却被对方拉黑了。而且店方连微信名都改了。一筹莫展之际，于小姐在网上提了个问题：“我在微信上被骗了 1 600 元钱，现在还有证据，怎样才能找回?”9 月 1 日，一个名叫“罗评理”的网民主动对其提出帮助，称“时间不久的话可以自助对冲退回的”。“您真是个特别好的人!”于小姐由衷地感谢对方。二人加了 QQ 详聊。对方向于小姐表示，只要提供对方微信号、于小姐自己的微信号和转账记录，就能帮助其申请个“被骗对冲退回码”。这个“罗评理”向于小姐发来了一张听起来很厉害的“被骗对冲退回码”。然后，于小姐被骗的钱数从1 600元变成了1 600×2元。对方向于小姐介绍，自己真名叫吴德星。所谓的“被骗对冲退回码”，需要微信扫码，通过账户余额验证。“这好像是金融领域的东西”事后于小姐在公安机关叙述案件经过时表示自己不太懂，只好按照对方说的去做。9月2日凌晨，于小姐扫描了这个二维码，然后转账1 600元。于小姐事后回忆讲“他跟我说所有的钱通过微信对冲二维码就能找回，钱24小时会到账。”然而，直到现在，于小姐仍没收到“对冲验证”后的还款。至此，于小姐两次共计损失了3 200元。于小姐随后只得选择报警。9月6日下午，于小姐的好友添加了吴德星的QQ号，发现对方所在地区为温州。听说是被骗了钱需要帮助，对方便迅速通过了验证。于的好友向吴德星称自己被人骗了2 400元，应怎样找回。吴德星要来了“骗子”和于小姐好友的微信号，并要求于小姐的好友提供转账记录。在确认了于小姐的好友被骗的金额后向其提出：往自己的微信账户里充值被骗的钱数，“记住，不要多也不要少。”并在之后要求于小姐的好友提供充值成功的截图。一切准备妥当后，吴德星表示“一两分钟”之后就能马上好。这期间，于的好友问对方，帮自己做这些事情需不需要收费？吴德星豪气地表示：“被骗钱数更多的我都帮过，你这几千块钱的是举手之劳。”随后，吴德星发来一个二维码，名为“被骗资金自助对冲退回验证码”，金额为2 400元。于的好友扫码后，立马蹦出了转账界面。被问到这笔钱是转给谁，答曰“只是个对冲验证，需要用账户余额先验证”。于的好友就此打住，并适时向吴德星提到于小姐的事情。吴德星听后立即将于的好友拉黑。

上面的几个事例都说明了，如果大家打个电话给微信或者支付宝、银行卡的客服，都会及时获知微信没有追回转账功能，而且在钱款转入骗子账户之前仍可采取有效办法追回。吴德星让于小姐发双方微信号和转账记录只是个幌子，而让于小姐往自己账户充值并截图，则是为了确保自己有足够的钱到账。呼吁用户不要轻信不知名的二维码，也不要随意给他人转账。现有的技术足以让骗子将微信头像和名字更改为与收款商家一致，购物时假装扫微信二维码支付，手机上随即出现商家的微信二维码昵称，并显示支付成功的截图界面，实际上该笔钱转入了已克隆好的微信账号。因而扫二维码一定要现场核实或者提前联系店家。不少诈骗者使用“代购”或“网红”的身份，以低价购物或者高额投资回报，诱骗朋友圈内的人消费或投资。因而对于陌生人主动添加好友一定要留神，不要轻易相信从未谋面的朋友所展示的朋友圈。此外，切不可心存侥幸，妄想一夜暴富，投资要选择正规合法交易平台。目前网络通信诈骗已形成一条专业的“产业链”，实施诈骗与取钱等过程都有专人负责。一般不法分子得手后，会将钱转到一张他人姓名的银行卡上，而这些银行卡的主人并非犯罪嫌疑人，因此就算警方找到卡的主人也无济于事。要有意识地保护个人信息，尽量不在社交平台暴露不必要的个人信息。无论谁让你转账汇款，都要提高警惕，最好多渠道核实情况，千万不要急于转账汇款。重要的账号密码设置尽量复杂，网聊时不要随便接收来路不明的文件，防止因中木马病毒而导致账号被盗。如果上当被骗，要在第一时间报警。建议大家网购时请开启杀毒软件，不要在网购时关闭杀毒软件，如果软件报警，应立刻停止交易；淘宝网是不存在交易退款问题需要电话联系的情况，如遇到问题请与卖家在阿里旺旺上沟通确认，请勿使用其他聊天工具，事例中几名被骗者都是选择了非官方聊天软件而出现了“大问题”，特别是王小姐几乎是无任何隐私“裸奔”；为避免由于信息泄露造成的系列风险，网购时勾选匿名会相对安全；切勿在非官方提示页面填写银行卡信息，收到银行发来的短信请仔细核对信息，不要轻易泄露填写账号、密码、支付密码及手机验证码；大家在被骗后应立即报警，同时修改银行卡密码，避免损失扩大。

16. 突然而来的“车祸”

2017年6月5日7点30分左右，商丘夏邑县老陈家的电话突然响了起来。已近六旬的农妇陈某拿起电话问：“谁呀？”一个男子说到：“姨，你没听出来我的声音？”陈某听着声音像外甥晓强的，她就问：“你是晓强吗？”对方说：“是，我是晓强，姨。”陈某问晓强打电话有什么事。电话那头的晓强说他开车撞着人了，因为交通肇事逃逸被公安局抓起来了。现在需赔偿对方3万元，可他手里没那么多钱，因怕他妈知道后为他担心，想让姨给他汇5 000元钱救急。陈某看晓强这么懂事，当即答应给他汇款。晓强告诉陈某一个银行卡号，说户名就是办案民警的。吃过早饭，陈某赶紧到最近的银行网点，通过转账方式给晓强所说的银行卡上汇去5 000元。陈某又按照晓强留下的号码打电话说钱已汇过去，对方说知道了。当天下午，因为担心外甥的事情是否办好，陈某又拨打那部手机，没想到打不通，再打，还是不通。陈某就给晓强的母亲打电话询问，晓强的母亲说晓强根本没有出事，陈某这才明白上当了。于是她赶紧到夏邑县公安局报案。

2018年2月3日晚，晋江磁灶镇张林村的小张与好友小森等人正在聚会交谈。凌晨2时许，小森送小张回家。可小森前脚刚离开，小张便在微信里收到一个微信昵称和头像与小森一模一样的人添加好友的申请。小张误以为是小森的微信小号，立马同意添加了对方。过了一会儿，对方称自己在路上撞了人需要用钱，要向小张借 2 000 元。小张信以为真，毫不犹豫地转钱过去。没多久，对方又说钱不够，还要再借 3 000 元。因为自己微信里的钱所剩无几，小张只好分三次转了 657 元给对方。4 日晚 7 时许，在对方的不断催促下，小张又转了 2 000 元过去。当晚，朋友小森通过微信联系上小张，一番交谈后，小张意识到自己受骗了，赶紧报警。接警后，磁灶派出所联合反诈骗中心迅速介入展开侦查。3 月 11 日下午 5 时许，晋江警方跨省抓捕，在深圳将余某成功擒获。原来，为偿还赌债，28 岁的广东男子余某偶然通过一微信群加了晋江人小张。而后余某冒充小张的微信好友，多次骗取对方转账。看完这个事例后联系一下自己，如果现实中某一天你的“微信好友”称有急事要找你借钱，你会毫不犹豫地转账给他吗？还是会先核实一下呢？

据余某交代，此前自己偶然通过一微信群添加了小张，而小森也在该群里，余某注意到他俩平时在微信群有聊天互动，了解到双方应该是朋友。而案发前余某赌博输了钱，急着筹钱的他便想通过冒充小森来向小张借钱。

2017 年 6 月 26 日夜里，居住福州的郑老爷子正在六一路某小区的租住屋内休息，突然一个陌生男子敲门而入。该男子神色紧张地说郑老爷子的房东朋友在马尾出了事，急需 1 000 元钱，派他来借。由于郑老爷子跟房东是好朋友，听说朋友出了事，他非常着急。为了证明自己所说不假，该男子还当面拨通了“房东”的电话。郑老爷子一看到号码不是房东的号码，心里有点怀疑，但是一听电话里的声音就是房东的声音没错。电话里，朋友着急地告诉他说自己出了车祸，急需用钱。郑老爷子以为是朋友换号码了，就打消了顾虑，借了 1 000 元钱给小林。没想到了第二天中午的时候，小林又打电话给郑老爷子，还要1 000元钱。这时郑老爷子起了疑心，因为这个房东朋友是很有钱的，不会来回反复借钱，于是他就打通了手机里存的房东电话号码，果然没有此事。6月28日下午4时，郑老爷子佯称给钱，将小林约到他所住的小区门口将骗子逮住，扭送到福州水部派出所。据了解，男子姓林，根本不认识这个房东，也不知道从哪里了解的信息，就串通朋友来骗郑老爷子，没想到还真得了手。同样的事情又发生在合肥的张大爷身上。张大爷今年80多岁，7月2日上午10点多，一个陌生电话打乱了平静。张大爷电话接通后，对方也不说自己是谁，跟张大爷唠起家常，张大爷听口音有点像在外地上班的孙子，一问怎么换了号码，对方说出了点“事情”。张大爷一细问，才觉得不妙。“孙子”说自己开车出差，不料出了车祸，现在需要垫一笔维修费用。“身上又没带多少钱，问我能不能先拿点垫上。”张大爷平日就对孙子疼爱有加，满口答应可以汇钱。对方立马发来一个银行卡账号，说急用。中午，张大爷来到附近的银行，用自己和老伴的存折分别转账给对方1.7万元。回到家后，张大爷还是放心不下，给“孙子”打去电话发现无法接通了，一再核实，得知孙子并没出事，是被人故意冒充了。而这些钱都是张大爷平日积攒下来的养老钱。最后，张大爷来到派出所报案，从提供的骗子电话来看，诈骗电话是从广东惠州打出来的。

“我是学校老师，你儿子（女儿）出了车祸正在医院治疗，需要打款！”2018年1月，家住九龙坡区的雷先生及其儿子同班同学的几位家长同时接到了这样的电话。听到对方一口不纯正的普通话，警惕的雷先生反问了一句：“班主任贵姓？在现场吗？”对方却立即挂断了电话。后经校方证实，该电话是诈骗电话。孩子是父母心头肉，突然接到这种电话，有多少人能像雷先生一样正确处理？同样是在该校上学的章小蕙家长章平接到一位自称是小蕙老师的男子电话，称“你女儿在学校门口出了车祸，伤势很严重，赶快打些钱过来”，章平当即表示在学校出了事应该由学校负责。但“老师”说学校已经垫了二万多元，钱已用完。这时章平没有多想，赶紧和老婆打车到某银行网点准备使用 ATM 机按照对方给的账户汇款 2 万元。后来银行工作人员见他们打电话，就上来询问并请他现场核实对方信息，章平夫妻才想起给孩子打电话，被告知在学校平安无事。同样是在该校上学的蒋林家长蒋凡于某日下午接到其妻电话说他们的儿子蒋林在学校门口被汽车撞倒，现在某医院住院，需要大量输血，并提供了告知该事“英语老师”的电话。“英语老师”证实的确需要输血，并且还将电话交给在场的“陈医生”证实这件事情真伪。这时的蒋凡已经六神无主，分三次将骗子提供的账户打入 81 500 元。等他赶到该医院急诊科询问时，才发现自己上当被骗了。同样处在九龙坡区的某家职业学校，某日下午 2 点左右的时候，一位称作陈英的学生家长接到一个自称儿子同学的电话，称他儿子无照驾车将行人撞伤就医，急需用钱了断。陈英知道自己的孩子缺乏管束且脾气暴躁，肯定是捅了“大祸”。陈英来不及与家人商量，就按照此人的要求，将 5 000 元钱汇入对方账户。当日下午 5 点多，七上八下的陈英赶到儿子就读的学校，才发现自己被骗了。

上面几个事例反映出了当前的诈骗手段层出不穷，但针对校园学生的诈骗就是利用了父母“爱子心切”的心理，在遇到子女出现紧急情况时六神无主，在惊慌失措时就将款汇过去，从而达到诈骗的目的。提醒广大朋友，遇到此类短信或者电话、甚至是登门拜访的时候，第一是不轻信。很多骗子就是利用校园学生没有电话或者是上课时电话关机，家长无法及时联系到孩子来进行诈骗。接到此类电话，一定要多向来话人询问一下自己孩子的信息，如自己小孩上几年级、在哪个班、班主任是谁、长相特征怎样。从其话语中判断是否有虚构的成分。第二是多联系。平时家长要经常和学校班主任保持沟通，遇到紧急情况要及时与班主任及其他认识的老师马上核实信息。家长之间也可以通过交流工具，加强相互间的信息交流。第三是不轻易汇款。只要在电话中提到钱，一定要提高警惕，骗子诈骗的目的就是尽快弄到钱，要求你尽快汇款，并且多在 ATM 机上操作，利于他们分赃转款。第四是快报警。接到此类电话要及时拨打 110 报警，并提供诈骗嫌疑人账户号、手机号等信息。利于警方案件侦破。朋友们最好是将了解到的诈骗方式给家人、同事、朋友做做宣传，避免更多的人受骗。面对冒充子女所在学校“老师”、“同学”等给家长电话以“孩子受伤”要求汇款的诈骗分子，广大市民一定要像雷先生这样，提高警惕，多加反问，多方证实，防止上当。由于此类电信诈骗一般都是骗子拨打受害人的电话，当受害人问对方是谁时，骗子都会反问一句：“你怎么听不出我的声音?”诱使受害人“对号”熟悉人的声音，而骗子即充当熟人以遭遇车祸或其他事由要求受害人汇款救急。接到此类电话后一定不要着急汇款，要与其他亲属一起甄别一下真假，以免上当受骗。此类骗术只要细心一点儿，就会发现破绽。譬如，孩子伤后在哪家医院？打电话的人是哪个交巡警部门的？在联系不上自己亲人的时候，及时向交巡警或者医院进行咨询，骗子的伎俩就会被揭穿。另外要注意的是，大家在公众场合尽量避免将自己的手机号等个人信息泄露，以防一些骗子实施诈骗。

17. 收了快递破了钱财

小叶就读于武汉某职业技术学院，经常网购自己喜欢的生活学习用品。2016年9月12日中午，正在宿舍休息的小叶接到一个电话说有个快递地址不明，要跟她核实，并传给她一个号称的快递公司客服电话号码，说完就挂断了。想着前两天确实网购了不少食品，她打电话过去，对方说她有包裹从昆明寄来，里面藏有冰毒，公安部门已备案。小叶虽说见过不少世面，但还是感觉身后不时冒出凉气。对方核对其身份证号码后说：你的身份证被别人冒用并复制了银行卡，让她赶紧向缉毒大队报警，随后又给了她一个电话号码。接电话的男子自称缉毒大队队长，说想解决问题，只有到附近的ATM机将银行卡安全升级。惊恐不已的小叶叫来了另一位女同学陪她同去。小叶一边跟“队长”通话，一边按他的指示在ATM机上操作，卡却被吞了。“队长”说为了她的财产安全，要赶紧将钱转至公安部门的安全账户，小叶照做。卡内的3 600元马上被划走了。转账后，“队长”说银行卡安全升级是需要保密的，他已监测到小叶操作的ATM机上出现了两个头像，所以卡才被吞了。小叶后来回想，可能是对方在电话里听到了她与同学的对话。“队长”称，继续升级需要再存1 000元至安全账户。小叶终于反应过来，感觉自己被人骗了：“卡里钱都没了，我还升级干嘛?”小叶果断地挂断电话并拨打了110报警。

2017 年 6 月 15 日，常州市武进区公安局经过侦查，远赴福建、四川摧毁了实施包裹藏毒诈骗的 2 个犯罪团伙，6 名犯罪嫌疑人落网。据本案当事人回忆讲，3 月 18 日中午 12 点左右，在常州武进区礼嘉镇开理发店的杜女士接到一个手机来电，来电显示的是“邮政快递”的自动语音服务。电话称，常州邮局有杜女士的包裹，内有毒品，并提供了邮局的客服电话“87971923”，杜女士打该电话核实。被告之，确实有一个杜女士的包裹，并经仪器检测出毒品海洛因及一张几万元的银行卡，其中已被人消费掉了 8 000 元。对方建议杜女士赶快联系常州市公安局“禁毒大队”，向警方讲明情况，并提供了电话号码“85895927”。心急如焚的杜女士拨打了“禁毒大队”的电话。接电话的“民警”称，杜女士涉嫌贩毒，且她的银行账户已不安全，让杜女士其他银行卡上的钱转移到由警方能监控的所谓安全账户上。杜某打入 18 000 元后，突然明白过来，急忙报警求助。警方在侦查中发现，犯罪嫌疑人通过网络发送平台发送提示有邮件未送达或有问题的语音到某号段的手机上，语音中附带有与邮局联系的电话号码，受害人根据语音提示拨打该号码后，会直接呼叫转移到冒充邮局工作人员的犯罪嫌疑人手机上，诱使受害人一步步走进他们设下的陷阱。根据线索，3 月 27 日，武进警方远赴福州将两名福建省泉州市安溪县籍的陈某和田某成功抓获。就在警方对陈某和田某审查时，4 月 12 日中午，常州市武进区牛塘派出所接到辖区刘女士的报警。当天中午，刘女士接到了同样来自“邮局快递”的语音电话，称她在邮局的包裹有毒品。联想到前几天自己在网上买的货一直没到，刘女士根据语音电话提示，拨打了对方的电话。随后，稀里糊涂地将钱从认为不安全的其他卡上提出来，存入了对方提供的银行卡“副卡”上，结果被骗走了23 000元。警方注意到，在行骗过程中，对方的语音电话中提供了同样的号码“85895927”，不过号码所属已从常州市公安局禁毒大队变成了邮局的咨询电话，这个号码被两个犯罪团伙分别利用。通过网上搜索和信息比对，警方发现4月14日和15日两天，暂住常州天宁区青龙街道的张女士和暂住武进南夏墅的何女士分别遭遇了该团伙的同样骗局，遂串并侦查。根据线索，4月24日，办案民警顺藤摸瓜，赶赴四川省南充市阆中古城，将租住在此地的泉州市安溪县籍的4名犯罪嫌疑人苏某兄弟，陈某和苏某成功抓获。据犯罪嫌疑人供述，在实施诈骗时，每个人都有具体的角色分工。而发送语音按照市场价格是一条信息发一个手机号需0.15元，而一次群发几个号段的手机，也就需要几千元而已。然而，只要有人上当受骗，各个环节的人员就能从中非法渔利。抓捕苏某的时候，民警发现受害者在QQ上要求嫌疑人还钱的对话框仍在闪烁不停。

只是收个快递，却在不知不觉间被人骗走了3万多元。泉州市民杨小姐只要讲起被骗遭遇时，百思不得其解。她记得，那个快递“小哥”曾连续三天打来电话只求相见，其间还遭遇过一次“送错件”的风波。原来，28岁的甘肃人杨小姐，租住在泉州市区城东街道某住宅小区16楼，经营着小区一家茶叶店。2017年2月29日下午，杨小姐接到一名“快递员”的来电说，因杨小姐的收件地址字迹模糊，特意打电话询问地址。杨小姐也没多想，就把地址告诉了对方。次日18时左右，“快递员”打来电话说送件，杨小姐表示，由于本人不在家可由小区物业代收件。但“快递员”坚持，这封包裹需要亲自签收。二人约定在3月2日上午收送件。当日上午10点40分左右，这位“快递员”准时来送件。据杨小姐事后回忆，这个男子身高不到 1.7 米，穿着黑色夹克，不到 40 岁的模样。二人站在租住房的门口，“小哥”递给小杨一张意见单，让小杨填写。意见单的内容是：“某公司为感谢老顾客，本店现赠送您一罐曲奇饼干及腰果酥”杨小姐拿到礼品，并填写自己姓名时，“小哥”称要送件便离开了。男子前脚刚走，杨小姐立马收到一个号码来电。通话中，对方自称是中通快递总部，快递员送错了地址，请快递员接听电话。此时，刚离开的“小哥”又匆匆赶了回来，有点警惕的杨小姐当即回复“我让快递员自己打给总部”。“小哥”在手机上按了一会儿，苦着脸求杨小姐，声称自己手机没信号，想借手机打个电话。杨小姐想了一下，最终还是热心地把手机借了出去。在男子打电话时，杨小姐表示曾听到短信提示声。“小哥”在归还手机时，特意又瞟了一眼手机，便立即快步离开。“快递你不拿吗?”杨小姐特意追问了一句，对方边走边回答，“快件没有寄错”。拿回手机的杨小姐，立马发现刚刚银行客服发来的转账验证码和被转走 34 500 元的短信提示。杨小姐立即向银行证实，在得知钱款确实已被转走后，杨小姐立即报了警。这个包裹装着一罐糖果，发货地位于上海，但真实的商家发货地址应在广东。通过对快递单单号查询，显示“该单号暂无物流进展，请稍后再试，或检查公司和单号是否有误。调取小区监控后发现，小哥曾与另一人于当日 10 点 13 分一前一后进入小区，在离开杨小姐的住所后，二人又一起乘电梯下楼，并拨打着电话。其实，骗子接触杨小姐的手机，目的是记下验证码，转告同伙并完成转账。目前，警方以诈骗罪立案，并着手调查。

2016 年 3 月，在北京海淀上班的曹女士报警，称一名快递员给曹女士打电话，让她下楼取包裹时，称手机没电了要借用曹女士的手机。曹女士拿着包裹回到单位后，发现手机 SIM 卡没了。紧接着，曹女士手机上的银行 APP 不断有消息提示，短短的几分钟内，她卡里的 12 万元已经被转走。事发前几天，曾有一名自称快递员的男子打电话给曹女士，说她有个快件地址不详，让她重新说一下。将整个事情串起来一遍，曹女士觉得不对劲，于是马上报警。曹女士说，“当快递员让我说一下详细地址时，我当时根本没起疑心，因为我老在网上买东西，所以就没当回事。”后来一天的中午，曹女士在办公室接到电话，对方说是中通快递员让她取件，“快递员带着帽子，我当时也没看清他长什么样。他递过来一个单子，让我填写服务评价表，我想都没想就接过来准备填，”曹女士填单子的时候手机响了，对方说是中通快递的客服，有急事找快递员，但他的手机始终打不通，希望叫他听下电话。“因为当时在我单位，我也没多想就把手机递给了快递员，也就一两分钟的事，我也填完了单子，快递员把手机递给我，我拿着包裹就上楼了。”曹女士说，回单位发现手机关机了，打开手机后发现 SIM 卡不见了。而拆开包裹，里面只有一包糖。曹女士正在纳闷是不是送错了，这时，她收到多笔银行出账记录，总共被刷了 12 万元。3 月 5 日凌晨，民警在天津涉事酒店将林某、郭某、施某 3 名嫌疑人抓获，现场起获盗取的 10 万多元现金，仍有 2 万元现金在嫌疑人银行卡内，警方将其冻结。据 3 人交代，他们都是技校毕业，毕业后靠代打游戏装备为生，但随着年龄的增大，家中开支也逐渐增多，每个月挣 2 000 多元的工资已经入不敷出，于是三人就时常聚在一起商量着怎么能挣钱。偶然间，他们从同乡处得知网上有卖公民个人信息的，据嫌疑人供述，因为知道了事主的网银账号和密码还不能取钱，多数情况下都是需要优盾或者验证码才能转账，为了获取事主的验证码，3 人在琢磨了几天后，终于想到了“解决办法”。他们先从网上买到事主信息，登陆事主网银发现里面有钱后，就由郭某冒充快递人员给事主打电话，套出事主的住址，然后趁事主接快递的时候，由林某给事主打电话称快递员手机无法接通，麻烦用下事主电话，而郭某在接电话的时候，趁事主不注意，将手机上的 SIM 卡盗取出来，将 SIM 卡给施某，由施某负责将事主网银的钱转出取现。

沈阳的隋先生平时很少网购，但在 2017 年 7 月 30 日这天，隋先生却接到了一个电话，称其有一个快递待取，但需付款 23 元。隋先生因为当时自己并没在家，也无法看到快递，没有多想的他便让家里人花钱代收了快递。晚上下班回家后，隋先生拆开了快递的封条，从里面拿出了一张港澳游的贵宾券。“我平时很少网购，最近也没有买过东西，这种优惠券我们也不可能在网上购买啊?”隋先生说，他觉得自己的快递费花得冤枉，应该是被骗了。他想通过自己的经历提醒大家，这种需要付费的快递要谨慎收取。“快递是正常发过来的，但是我的个人信息可能被泄露了。”隋先生说，在地址下方写有四个字“代收货款”，如果发件人大批量发送这类快递，收取的钱也是一笔不小的收入。发件人事先结清快递运费，而后就是向快递公司申请代收货款。按照快递单号联系到了发件的快递公司。事后向工作人员了解得知，这个快递是从保定发出来的，拨打发件人的手机号码为关机状态。对此，沈阳快递公司确实存在。一般情况下是发件人事先将快递的运费结清，之后再向快递公司申请代收货款业务，这样一来货款的价格加上快递公司代收货款的手续费加在一起，快递便发到了收件人手中。

需要强调的是，代收货款与到付运费不一样，到付运费指的是收件人需要承担货物运输费用，而代收货款是不包括运费的，快递公司一般会抽取货物的百分之五到百分之十五不等的手续费，剩下的费用要归还给发件人。提醒大家的是，在日常生活中要注意保护个人信息，如果碰到类似快递，要核实清楚后再决定是否签收，如果不是自己购买的物品可以拒绝签收。分析上面受骗的事例，只要碰到让你转账之类的话，你就得要格外提高警惕，捂紧自己的裤袋。若真是邮政部门发现涉毒的包裹，则会直接向警方报警，肯定不会通过语音的形式提醒你。按照公安机关的办案程序，进入侦查阶段后，不会通过电话或短信的方式告知对方，更不会要求当事人进行现金转账。而所谓的“安全账户、副卡”之类的话更是空穴来风。广大朋友如果碰到此类情况，可第一时间到就近的公安机关派出所咨询或报警，谨防上当受骗。此类案件中，嫌疑人获得的事主信息比较详细，包括事主的姓名、身份证号、电话号码、网银用户名和密码。推测嫌疑人应该是通过短信发送链接木马盗取事主手机内的信息，收到此类链接，如果点击，手机内的信息就会被盗取。而骗子离成功此时就差验证码一步了。签收快递过程中，独居女性尽量避免把包裹寄往家里。在家签收时先不要开门，先和快递员确认包裹信息和快递公司。快递签收后，不要随手就把贴有快递单的外包装扔掉，快递单上有个人信息。

18. 被陷假金融业务使您的钱款“不翼而飞”

2016年8月，阿强和阳仔这对安溪老乡合谋以网络贷款为手段实施诈骗被判入狱，短短半年时间里就骗了10多人共计373 087元。2016年1月2日10时，被害人洪某正在上网，突然看到一个小额贷款网页。洪某手头正紧，于是登录微信，和对方聊了起来。对方说，贷款不需要任何抵押，并发了一份申请表让她填写，同时告诉她一个“陈经理”的手机号码。洪某拨打过去后，“陈经理”传了一份合同给她，并告知她，银行的“杨主任”会和她联系。过了几分钟，“杨主任”打来电话，要求洪某提供银行卡账号，以便他能将贷款打到洪某账户里。洪某非常高兴，马上把账号提供给“杨主任”。可“杨主任”却说洪某的银行账号信用额度不够，于是提供了一个银行账号给洪某，说该账号与洪某的账号绑定在一起，让洪某汇3 000元好处费给他。洪某把钱汇了过去，“杨主任”说信用额度还是不够，要她再汇10 000元。洪某照办后，“杨主任”又打来电话，称信用额度还是太低了。洪某说，那只能另换一个账号了。“杨主任”表示可以，但要洪某交30 000元押金。洪某答应了，向“杨主任”提供了另一个银行账号，并在自动存款机上将钱汇给“杨主任”，由于一时疏忽，她汇了40 000元过去。汇款后，洪某又打电话过去，“杨主任”称银行已封账，她汇的钱查不到，第二天早上再联系。第二天早上9点，洪某打电话给“杨主任”，询问贷款的事办得如何。“杨主任”说，贷款办下来了，给她多贷了50 000元，要她先把多贷的50 000元汇过去，才能把贷款存到她的账户。洪某信以为真，分两次将50 000元汇了过去。“杨主任”称，中午12点贷款就会打入她的账户。但时间过了，贷款却迟迟未到账，洪某心急如焚，打电话向“杨主任”追问，“杨主任”却总是推诿。洪某感到事情不妙，随即到公安局报警，洪某称前后共计被人骗了10万多元。经过缜密的侦查，2017年1月14日，办案民警在湖里区金山街道一出租屋内将阳仔、阿强抓获，除缴获笔记本电脑、手机、银行卡等作案工具外，还当场查获银行开户资料和交易明细以及记载诈骗信息的四本笔记本等证据。阳仔供称，当被害人浏览该网站并与他们通过微信联系时，他们便冒充北京两家小额贷款公司的业务员，要求被害人留下个人信息及贷款用途，谎称要审核贷款资格，随后称已通过审核，要对方联系他们的经理。当被害人打“经理”的电话时，他们中一人就假扮“经理”，传真一份贷款合同让对方签字，骗取对方缴交“合同保证金”。得手后，又假扮银行“信贷部经理”，骗对方汇“验证金”、“保险金”。通过这些招数，他们先后诈骗了全国各地十几人的钱财。阿强、阳仔骗取他人财物价值人民币373 087元，数额巨大，其行为已构成诈骗罪。判处阿强有期徒刑5年1个月，并处罚金人民币1.5万元；判处阳仔有期徒刑4年10个月，并处罚金人民币1.5万元。

2016年10月，湖北钟祥市郢中镇的关先生来到派出所报案，称其办理网上贷款时，银行卡上的 2 万多元现金被诈。湖北钟祥市公安机关迅速侦破此案，抓获了以郑某为首的电信诈骗团伙。原来，2016 年 10 月，关先生在网上查找贷款服务信息，当他在搜索引擎上搜索“银行”、“贷款”等关键字进入页面时，屏幕弹出了一个“无抵押无担保贷款”的窗口。他好奇地点开了窗口，并在网页上留下了自己的姓名和联系方式。随后，自称北京某信贷公司的“客服人员”刘某打来电话，并称公司需要“客户”提供身份证号码和家庭住址，基本信息核实后，下一步会有等待审核人员再来进行贷款资格审查。关先生没有生疑，故按照刘某的要求提供了这些信息。第二天，关先生就接到了“审核人员”郑某的电话：“关先生，您好。我们要对您的还款能力做一个评估，您需要办理一张银行卡，并在卡上存入 2 万元现金。”关先生见这家公司的审查如此严格，加之自己贷款心切，便对此这家根本不存在的公司深信不疑。他办理银行卡、存入钱款后与郑某联系。郑某在电话中对关先生说道“现需要您在网上缴纳 50 元手续费，贷款手续即可完成。”通话结束后，郑某将提前准备好的钓鱼网站链接发给关先生。由于这个钓鱼网站关先生难以分辨，便毫无戒心地输入银行卡和密码进行转账操作。这时坐在电脑另一头的合作伙伴宋某，利用获取到的关先生的银行卡和密码，他通过真正的网上银行将关先生的钱转到郑某的银行卡上。接着郑某联系亲属将卡中的钱取出进行瓜分。此时正在家中等待消息的关先生接到一条“卡内余额 17 元”的短信后，发现自己卡中的钱被划走，想打电话找郑某问清楚情况，不料却再也打不通他的电话，关某意识到自己被骗了。经查，关先生并不是唯一的受害者。湖北、云南、浙江、甘肃等地均有人落入圈套，涉案金额达到64 000多元。湖北钟祥市检察院依法以盗窃罪对该案的两名同案犯郑某、宋某进行起诉，最终郑某判处有期徒刑十一个月，并处罚金二万元；宋某被判处有期徒刑六个月，并处罚金一万元。

家住北京海淀的史小姐于2017年10月16日拨打110报警，称骗子以取消“批发商分期付款”为由骗走她30多万元。史小姐说，10月12日下午5点，她接到一个陌生号码的来电。对方自称是客服人员，说史小姐曾网购过运动服，这让史小姐感觉可疑，因为这个电话比电商平台的客服多出“888”三个数字。随后，她用电脑登录电商账号，向官方客服核实此事。截图显示，客服人员答复说，电商平台没有泄露用户信息，多出来的数字可能是“区号”。史小姐于是放松了警惕。当晚9点多，她接到另一号码来电，从口音和音调判断，对方和之前来电者应为同一人。对方称，由于电商平台的财务人员误操作，将史小姐当成“批发商用户”，办理了“批发商分期付款业务”。从现在起，史小姐购买商品时可以打8折，但每月要扣除500元服务费。如果不取消服务，两天后就产生第一笔扣款，若想取消服务，就要在银联取消她所有金融账户的绑定。史小姐讲，“我告诉他选择招商银行办理，他就把电话转接到‘招行客服’。所谓招行的人说，让我看看金融账户里有没有额度，如果有就把额度提出来，再把这些数据信息发给银联值班人员。银联会在确认之后，把这些数据进行返还，这样我就能拿到取消业务的回执单了。”史小姐称，她在对方引导下，先后从多个网络借贷产品中提取现金，再按对方要求进行了“数据发送”。“这位‘招行客服’提供了一段订单号和一位银联值班人员的工号，还让我把两串数字接在一起输入。我当时没反应过来，就按这串数字发送了‘数据’。后来才明白，这两串号码组成了一个完整的银行账号，发送的‘数据’就是我的钱。从10月14日晚10点到15日凌晨1点，再从15日上午8点到10点，假京东客服和招行客服一直引导我传送数据。共进行了11次转账，涉及金额近34万元。”史小姐讲，结束这些操作后，她发现银联没有返还数据，即所有的账户都没有返还资金。察觉被骗后，对方电话已无法接通。10月16日，史小姐在海淀区东升派出所报了警。

20岁的刘志杰是辽宁朝阳人，2017年4月，他想开一家烧烤店，便开始想办法筹集本金。由于从银行办理信用卡只能获得较低的额度，刘志杰把目光转向了网上的“大额信用卡”信息。他找到了一个自称可办理相关业务的网站，填完相关信息提交后对方就打来了电话。接电话的人自称是担保公司工作的刘女士，刘女士对刘志杰说，办理大额度信用卡很容易，只要缴纳一定的手续费。一张额度为5万元的信用卡，手续费是1 500元。由于手头紧，刘志杰先交了200元，剩下的1 300元随后补交。果然，3天之后刘志杰如愿收到了一份快递，里面是一张广发银行的信用卡。收到信用卡后，刘志杰将其余的1 300元钱存入了对方的支付宝账户。两个小时后，一个自称是担保公司主任的人又打来电话，向他收取开卡费和担保费，标准是透支额度的10%，也就是5 000元。刘志杰凑到了4 500元，给对方汇过去后问对方要激活码时，对方告诉他定金差500块钱，达不到5万元额度的10%，信用卡开通不了，那4 500元暂时被冻结了。必须再交5 000元，才能开通信用卡，并解冻之前交的4 500元。无奈之下，刘志杰只得再次从朋友那里借了5 000元交上去。结果卡依然没有开通，对方说激活卡时需要有“缓存数据”，然而目前只有97%的缓存数据，差的3%还需要交300块钱。刘志杰已经缴纳了10 000多元，而对方依旧以各种理由让刘志杰交钱。刘志杰开始意识到自己上当受骗了。2017年4月11日，本溪市公安局平山分局刑警大队接到了刘志杰的报警。警方侦查发现所有的资金都是通过刷卡机流向了7个银行卡账户，而这7个账户都在湖北孝感市安陆。7个银行的取款人都是一名女子，每次在进入自动取款机的监控范围后，她都会低头戴上口罩。2016年7月15日，警方的三个抓捕小组分别在安陆、武汉成功将三个窝点的7名犯罪嫌疑人抓获。7月18日，警方将徐某等6名犯罪嫌疑人从武汉押解回本溪，犯罪嫌疑人施某因为怀孕被取保候审。

上面几个事例中诈骗分子的做法都具备了诈骗的特征。根据《刑法》第二百六十六条的诈骗罪相关规定及《最高人民法院、最高人民检察院关于办理诈骗刑事案件具体应用法律若干问题的解释》的规定，史小姐被骗走33万余元已经属于数额巨大，骗子很可能被处以三年以上十年以下有期徒刑并处罚金。若电商方面存在向他人出卖或提供信息行为，涉嫌侵犯公民个人信息罪，那么根据相关规定，也要承担相应刑事责任和罚金。但不论如何，大家接到类似电话并操作转账时，更要擦亮双眼，在进行交易之前多咨询，多质疑。与大部分受害人有所不同的是，关先生在整个案件中钱款被迅速转移，则是骗子郑某等人利用网络诱骗被害人点击虚假链接，通过预先植入的计算机程序获取被害人的银行账号和密码后，在网上银行将被害人银行账户的资金秘密转出。卡中资金并非是被害人基于错误认识而自愿转出的，而是被郑某等人采用秘密手段窃取的，郑某等人的行为具有明显的盗窃罪特征。若从手法上来观察，几个事例中的骗子既有骗术的使用，也有科技手段的施展，同时还有非法客户信息的交易。如今网络诈骗手法花样翻新，而且您刚订了机票、刚买了产品、刚订购了服务、刚交了学费、刚生了小孩，骗子的阴影就附体上您了。骗子获取信息后，往往使用撞库的方法在有交易属性的网站尝试登录并获取用户的交易信息，进而冒充客服人员、银行工作人员展开进一步诈骗。但无论如何，您应该记住，天上没有掉馅饼的事，只要骗子提汇钱的要求，您就果断放下电话，那骗子再精也很难得手。

19. 你欠费了

2016 年 7 月 3 日上午 10 时许，家住菏泽牡丹区的武女士突然接到一自称是某通信公司工作人员的电话，称有人在上海用她的名字和身份证办理了手机号，目前已经欠费 5 000 余元，因此她的手机将被停机。对方还建议其赶紧报警，并将电话转接到了“上海嘉定区刑警队”。接通电话后，一位自称是刑警队“王警官”的人告诉武女士，因其欠费数额大，如果不抓紧时间还钱，后果会很严重。“王警官”让她不用担心，声称会找“马科长”帮她，不让法院扣她的钱。听了“王警官”的话，武女士非常害怕，但很快就接到了自称是“马科长”打来的电话。电话中，“马科长”告诉武女士只要去银行按照他说的去操作，将钱转到“安全账户”，就不会有事了。根据“马科长”的提示，武女士在银行的 ATM 机上操作完后，发现自己的银行卡里被转走了 7 000 余元。武女士通过电话质问对方怎么回事。“马科长”称，12 点后所有钱款将全部返还给她。于是，武女士又按照马科长的指示继续操作。操作完后，武女士通过查询得知，先后共向“安全账户”上转账了 35 588 元。越想越不对劲的武女士，再次拨打对方的电话，却怎么也打不通了。发现上当受骗的武女士，赶紧到市公安局牡丹分局西城派出所报了警。无独有偶，2016 年 5 月 16 日中午，居住在胜利油田胜北社区的张女士接到一个电话欠费的电话，说她家的固定电话绑定了福建省的一个固定电话，现已欠费 2 000 多元，让她赶快报警，并给了一个永安市公安局的电话号码。张女士在困惑中拨通了这个号码，一名自称是永安市公安局民警的男子让张女士将手机号报给他，用手机通话。该男子拨通张女士的手机后告诉张女士，你牵扯到一个重大洗钱案，我们正在调查，这时又换成另一男子的声音，自称刑侦队长，说张女士的一张银行卡上有 200 万元的赃款，检察院正在进行调查。接着换成一个女子的声音，自称是检察院的工作人员，让张女士不要将此事对任何人透露，否则就是泄密罪，随后让张女士不要挂断电话，赶快带着家中所有的存折、银行卡到一个没人的地方。当时非常紧张害怕的张女士想也没想就拿着家中所有存折和银行卡打出租车到一个偏僻的地方。对方问清了张女士的财产情况后，要求张女士将所有存款汇到一个他们指定的账户上进行公证。于是张女士来到附近一家银行，将 5 张存单上的 10 万元存到一张银行卡上并全部打到了骗子指定的银行账户上。汇完款后，对方又要求张女士立刻到另一家银行将其余的存款也汇给过去。在去另一家银行的途中，张女士越想也不对，终于感觉被诈骗了，立即来到滨海公安局滨北分局刑侦大队报了警。

农行上海徐汇南站支行位于上海火车南站区域，每天有大量来往上海的客户至此网点办理业务。2016 年 4 月 7 日上午，有位客户急匆匆地来到农行上海徐汇南站支行表示要办理转账业务。柜员汤竹君出于保护客户资金安全的目的，同以往每一笔转账业务一样，仔细询问客户是否认识对方。当客户回答不认识时，柜员立刻警觉起来，详细询问了汇款原因。客户表示，之前“移动客服”的电话和短信，称其手机话费已欠费

108 元，要求其立即将欠费汇款到一个农行的个人账户上。根据前期学习的各类电信诈骗案例知识，柜员立即断定这很有可能是一起电信诈骗，于是他放缓了操作速度，通知大堂经理崔艳萍进一步了解情况。该行员工主动帮助客户查询其名下两个手机号的话费账单，发现并未欠费。但奇怪的是，该客户仍执意要拨打“移动客服”电话想和对方说明无法汇款。该行负责人杨青闻讯及时赶至，耐心地向客户解释。面对该行员工的贴心询问，客户终于说了急着转账的原因，原来是“移动客服”说当欠费还清后移动公司将送给他一个手机。

“您的有线电视欠费将被强制停机，如有疑问请按 1 转人工服务……”如今电话诈骗又出“新招”。一段时间内，有骗子给有线电视用户打电话，称两小时内不续费，将被强制掐断有线电视信号。近日，家住苏州的刘女士在家接到了这样的电话，当她按照电话提示转人工服务后，对方声称是有线电视台的工作人员，说刘女士家的有线电视欠费了，必须在 2 小时之内续费，否则就停送电视信号。放下电话后，刘女士急忙到银行按照对方要求汇去了 500 元钱，等她到附近有线电视营业厅咨询时，才发现自己被骗了。近日上午，从外地来苏州的王阿婆独自在女儿家，座机电话突然响起，电话中语音提示说，有线电视机顶盒已欠费，逾期不交 2 个小时后会强行停机，详细信息可以拨“0”转人工咨询。王阿婆一开始信以为真，按提示进行操作后，一名男子操着蹩脚的普通话告诉她，需要提供用户的姓名、地址和身份证号，查询是否欠费。婆婆给出了女婿的名字，男子转而要求，如果是代查信息，则需要婆婆的身份资料。随后就催促王阿婆要在 2 小时内缴费，最好按步骤缴纳欠费，否则停机后重新开通很麻烦。对于这样一通陌生电话，王阿婆觉得挺蹊跷，想想便挂了电话，准备等女儿回来再说。后来一家人查询后发现，陌生来电还是个国际号码，归属地不明。

针对欠费而言，如果有线电视用户快到续费时间了，厂家会提前半个月通过系统程序以电视字幕、短信通知用户确切的续费时间，也没有两小时就停送电视信号的规定。有线电视欠费是电话诈骗又一新花招。和过去出现的法院传票、银行卡透支、诈亲汇款等一样，犯罪分子通过“催费”这一借口，诱导蒙蔽受害人将钱款通过银行汇到骗子设置的保险账号上。遇到此类问题，有线电视用户可拨打当地的营业厅的服务电话咨询，揭穿骗子的伎俩，以免上当受骗，财产遭受损失。特别提醒读者朋友，有线电视主要通过机顶盒提示方式，并无自动语音提示方式，请广大市民注意防范此类电话诈骗。临近年底，以“欠费”为由的新型诈骗电话不断增多，骗子利用语音提示，一步步诱导用户输入银行账号和密码进行转账操作。比如王阿婆接到的一个诈骗电话，此前还扮演过手机营业厅、社保局、法院、邮局等角色。提醒大家，这是由诈骗分子精心策划的国际虚假主叫骗局，市民一定要提高警惕。据介绍，这类骗子主要通过手机短信、固定电话、手机三种方式，先要求接电话者提供用户姓名和身份证查询余额，装模作样确定欠费后，一步步诱导用户输入银行账户和密码划款。比如骗子精心策划的虚假主叫，就有可能是犯罪分子在国外模拟主叫该号码，将话务送至国外某语音交换机，分析被叫号码归属中国后，最终接续到用户身上。如果你不当心，稍一疏忽就会上当受骗。警方提醒，只要是非官方号码，市民可以直接挂电话。无论对方如何花言巧语，切记“不听、不信、不转账、不汇款”，如有疑问可直接拨打110进行咨询或报警。

2017年11月6日7时许，张家港市塘桥镇家的居民祁先生在家中接到一人工语音电话，称其有一封挂号信未签收，提示按键转接到邮局。祁先生按键后，将身份证号码和姓名告知对方男子。该男子称是电力公司的工作人员，因其电表未付款，将其告至法院并给他寄了传票。随后，对方帮祁先生电话转至“深圳公安局”，对方男子自称是深圳市罗湖区公安局刑警支队，让祁先生立马交出2 000元的保证金，否则就会采取强制措施。祁先生不知有诈，稀里糊涂就给对方汇了钱。张家港警方事后调查发现，在这类案件中，犯罪分子多为白天拨打电话实施作案。从110接报的案件情况看，受害人年龄段多为中青年，老年人也是主要侵害对象；犯罪分子先冒充电力公司，后又冒充国家司法机关工作人员，告知其身份信息被人盗用，涉嫌一起较大案件，以缴纳保证金为名实施诈骗。由于此类诈骗手段具有较大迷惑性，犯罪分子往往多人作案，分工明确，利用虚拟号码或任意显号软件，冒充电力及国家司法机关工作人员精心谋划、相互配合，骗取受害人的信任，加上受害人获知自己涉案后心理高度紧张，致使犯罪分子阴谋往往轻易得逞。

上面几个事例中的犯罪分子利用网络群呼电话，冒充电信公司职工，虚构事主欠费的“事实”，随机拨打被害人电话，称被害人电话欠费或以被害人名义办理的手机号欠费，要求被害人还款；接着，来电人建议被害人向公安机关报案，并立即主动将电话转给了自称公安民警的同伙案犯接听；此后，这名所谓的公安民警再伙同其他人，诱骗被害人到银行ATM机按提示操作转账的案件。提醒大家的是，电信和公安系统的电话并非一个总机，两个部门之间不可能实现电话转接；公安民警不可能提供所谓的“安全账户”，更不会打电话指导被害人如何转账。当遇到此类案件，要保持冷静，切勿慌张，与家人、亲友多商量，并向当地派出所、银行网点、电信营业网点工作人员当面询问，不要轻易泄漏您的银行卡密码。广大居民一定要做到：不轻信、不透露、不转账，提高自身的防范意识。同时，如有疑问或发觉被骗一定要及时拨打110向警方咨询、报警，并迅速终止交易、保存涉案证据。上面事例中也有经过银行员工耐心细致地劝解，客户终于明白了自己遇到了电信诈骗而最终没有让骗子得逞。在这里也给大家强调一下，移动或者联通是不会要求客户将话费转至个人账户中的，更何况其话费并未欠费，这是一起典型的诈骗。

20. 收藏被“忽悠”

2017 年 6 月 5 日，许昌的裴阿姨，就是因为买了一些字画和纪念币等收藏品，没想到警方却发现其中暗藏特大骗局，已有 1 000 多位老人上当，涉案金额达 8 000 多万元。原来在半年前，许昌的裴阿姨接到的一个投资公司打来的电话。电话中的客服向其推销所谓的“艺术品”，并告知收藏本身既能获得收藏品，还能赚钱发财。心动的裴阿姨收到货后就把钱汇给了对方。原本以为交易就此结束了，可是没想到的是，几天后，电话再次响起。在对方高价回购的忽悠下，在随后的几个月中，裴阿姨又先后分 4 次，花了 6 万多元购买了金镶玉狮子雕像等不同材质的投资“收藏品”。一心等着回购的裴阿姨，最终等来的却是场空欢喜……这下子，裴阿姨真的是一生都难忘了。报警后，警方在全国电信诈骗系统里进行了案件串并，发现除了河南省的许昌外，新乡、天津、徐州、广东都有受害人被骗报警。经过侦察，北京一家称作“中视金桥投资管理有限公司”的机构进入了警方的视野。经过两个多月的蹲守跟踪，在掌握了这家诈骗公司的所有犯罪窝点后，4 月 10 日，许昌县公安局抽调警力 210 人，组成了 11 个抓捕组，从现场抓获了 154 人，刑拘了 134 人，已经批准逮捕 49 人。经过调查，这个团伙对全国 26 个省市的 1 000 余名老人实施诈骗，涉案金额达 8 000 多万元。警方冻结资金 2 000 多万元，扣押了电脑285台。

2017年1月，河北男子石某通过拨打电话谎称自己是北京收藏协会的成员，称购买收藏品可以领取补贴款，骗取了莆田市63岁老人周某钱财11 800元。经涵江区人民法院审理，判决石某犯诈骗罪，判处有期徒刑八个月，石某向法院退交的违法所得赃款11 800元，依法退还给周某。原来2016年5月，石某在河北老家喝酒时，认识一名绰号叫“杰子”的老乡。这位老乡告诉石某自己是做电话诈骗的，并撺掇石某加入其中。2017年开始，石某用事先购买的两张手机卡，通过拨打电话的方式联系不特定人实施诈骗。1月，石某拨打了莆田市63岁老人周某的电话。石某谎称自己是北京收藏协会的成员，并告诉周某通过购买收藏品可以领取补贴款，且名额有限，若周某有意愿可帮其争取。周某相信并同意购买。为掩盖真相、躲避公安机关的打击处理，石某用“李”代替自己的真实姓名，先后以顺丰快递货到付款的方式向周某邮寄玉碗、纪念章等伪劣收藏品，骗取周某钱款共计3 660元。之后，石某为了取得周某的信任且进一步实施诈骗，又向周某邮寄收藏协会工作证等虚假文件，以及一张内有8.8万元存款但实际无法取款的银行卡，并提出需要8 000元的手续费才能解冻提现。于是周某分三次将8 000元陆续转账到对方指定账户。过了几天，周某去自动取款机查询，发现卡里的8.8万元没有了，这才意识到自己上当受骗了。2017年6月8日，石某又打电话向周某要钱，周某这才向当地公安机关报案。接到报案后，民警迅速向周某询问案发经过并进行侦查。2017年8月7日，公安民警根据线索在河北省定州市抓获石某。次日，莆田市公安局涵江分局民警将石某押解回莆田市涵江区。审理期间，石某通过其家属向本院退交违法所得款11 800元，并预交罚金1万元。此案经涵江区人民法院公开审理后认为，石某以非法占有为目的，采用虚构事实的方法，骗取他人钱财计人民币11 800元，数额较大，其行为已构成诈骗罪。石某通过拨打电话的方式发布虚假消息，对不特定多数人实施诈骗，依法予以从重处罚。石某实施诈骗行为的对象系老年人，酌情予以从重处罚。鉴于石某归案后如实供述自己的罪行，且退出全部违法所得款，依法酌情予以从轻处罚。

家住咸阳60多岁的汪婆婆在一家名叫雅藏文化传播的收藏品公司购买了价值120多万元的所谓“收藏品”。原本公司承诺购买后三个月就能升值变现，可汪婆婆想卖出收藏品的时候，雅藏文化传播却多次推脱。最后对方虽然答应退货，可还要收取三四十万的手续费，汪婆婆怀疑自己被骗了才想到报案求助。据后来警方调查这家公司的入职员工讲，该公司会为新员工安排为期一周的业务培训。而培训的主要内容，就是教员工现身各种忽悠老人购买所谓收藏品的手段。一位培训的老员工告诉新员工，他们的考核是按销售额提成，所以他们会最大限度的教老人买更多的收藏品。在这家员工看来，不买了几十万元是不会放过老人的。其中一位培训的员工上课时讲：“如果让我做单的话，你就是买到8 800元，我也不会放过你。达不到八十万元我绝对不会收手。”这位员工还说，为了达成这个目标，所采取的策略就是“饥饿营销”，让老人产生不买就亏了的心理。他一般都是往10万元以上的谈，忽悠老人买收藏品。在培训过程中，这家公司买得最多的一个客户，还不是花了120万元的汪婆婆。还有的客户一年就买了200多万元的收藏品。另一位给新员工培训的员工讲，做收藏品推销员首先就要摸清老人底细，摸清楚老人是否有购买实力。重点是向拆迁户老人下手。然后再跟这些老人培养感情，像对待自己父母一样去关心他们。有了感情，要老人再买收藏品就很顺其自然了。在行业内这叫“要单”。这位员工说，要单按照先后顺序又分为逼单、磨单和砸单三步。这位员工向新员工演示了这三个步骤：“阿姨你留一套吧，今天不行我明天一早再送过来！”这就是逼单。“这都是之前商量好的。您倒是说不要就不要了！从您手里拿5万元出来，您感觉难，我们可是先要垫支进货款才能拿到货的，您不要了我们就得自己接着！”这是磨单。这位员工说，假如逼单不成功，就开始进行磨单，而其他员工则配合反复跟老人灌输“买了就能挣大钱”的观念，直到老人有些动摇。而这时候实行砸单的时机也就到了。砸单就是通过送礼品或代金券，抓住老年人喜欢贪图小利的心理，最终让老人乖乖拿出钱来。宣讲的员工还特意跟新学员分享了之前一位老人起初只买了300元的收藏品，而经过他的劝说最终让这位老人掏出了6万元的钱款。“我叫那个老人买了一套后又加一套，买两套加到三套，再加到五套，买了五套就取钱去了，然后我又说国钞金砖好，老人又想买一套这个，这个23 800元一套，然后我说用优惠券只要19 800元。他又拿了两套，这样单笔就6万元，其实就是从300元印钞一点一点的谈起来的。”这家公司的许多新员工都会在现场看到有很多销售人员围着一个老人在推销，也就是所谓的团队作战，在遇到一些难搞定的老人时，这些员工就会合作攻克老人的内心防线。参与培训的员工说：“我一个人给你说这个产品好，你可能不相信，要是几个人都说这个好，那客户不就信了。”工作人员首先向老人介绍了第一、第二、第三套人民币的升值案例，介绍这些人民币升值翻了多少倍，给老人灌输收藏人民币能赚钱的思想，这位工作人员说，假如有老人问藏品到底值多少钱时，一般就会这样举升值案例，但不会跟老人承诺具体的升值空间，只承诺绝对能升值。介绍完升值案例后，工作人员就开始介绍公司要卖的第四套人民币。“咱们公司做这一套市场价是一万多左右，我们现在七千八，第三套人民币退市当天翻了 24 倍，这第四套咱们别说 24 倍，打个对折就是十倍呀，那得多少钱啊。”现场有老人问升值之后怎么卖出去时，员工表示，收藏品是国家鼓励发展的产业，而且产品升值之后公司还会进行高价征集，另外还可以去文交所卖，根本不愁销路。经过近半个小时交流之后，很多老人当场就交了定金。后经鉴定，卖给老人的藏品基本都是赝品，没有收藏价值，收藏品公司的目的就是诈骗。

上面几个事例中犯罪嫌疑人最明显的作案特征是迷惑性大、欺骗性强。作案过程中，多名犯罪嫌疑人相互配合，经常变换身份，且确实售出了产品，部分产品若非专业人士难辨真伪。此案诈骗对象主要是老人。老人们操持大半生，有一定的积蓄，个别人贪图小利，总想让自己的钱增值，想给子女留下更多的财富。许多受害老人平时省吃俭用，但正是因为有了这种心理才被骗。而这些钱中，一部分是借亲友的，一部分是借的高利贷。提醒广大朋友，高收益面前一定要做到不轻信、不泄露、不转账、多咨询，即不轻信陌生人和陌生短信、陌生广告；不泄露自己及家庭的隐私信息，如银行卡密码、人员情况、联系方式等；不随意向陌生账户转账，转账前一定要打电话确认；无法辨别事实真相的时候，多向子女、亲友、公安机关咨询。另外，子女平时要多关爱老人，多与老人沟通，了解家里老人的近况，向老人多讲些防骗知识，提醒老人勿贪图小利。上面事例中定力不好的老人其实最终都是失去防备心理并随骗子任意调遣。而老人的警惕性低，对收藏品又缺乏相应专业知识，禁不住高价回购的诱惑，使得骗子屡屡得逞。嘱咐大家守好自己的钱袋子。

21. P2P 乱象丛生诈骗不断

对于众多投资者来说，P2P 公司诈骗、跑路事件频发，一旦踩雷就有可能血本无归。对于高风险高收益的 P2P，人们对它还真是有些捉摸不透。数据显示，截至 2017 年 12 月底，P2P 行业正常运营平台数量为 1 931 家，相比 2016 年底减少了 517 家，全年正常运营平台数量一直单边下行，在两年里正常运营的平台数量下降了 44%。仅 2017 年一年，P2P 网贷行业全年停业及问题平台数量为 645 家，如果按天计算，平均每天有超过 2 家平台出问题，远高于新增平台比例。即使是 2018 年前 3 个月出现的停业和包括提现困难、经侦介入等在内的问题平台已经有近 170 家。伴随大量不良平台出现困难，跑路事件层出不穷。

2017 年 9 月 19 日，北京市公安局朝阳分局正式对北京鑫淼诚意科技发展有限公司非法吸收公众存款案进行立案侦查。据投诉者代表王女士透露，这一立案侦查的背后牵扯到千余人、亿元投资款“不翼而飞”。2015 年 6 月 25 日，注册资本 5 000 万元的鑫淼诚意成立，面向群体是小微企业和普通百姓。2016 年 7 月其旗下互联网金融平台普天金安开始线上试运营，并在同年 11 月正式上线。这家自称以“普天之下，金融安全”为运营宗旨的 P2P 网贷平台，在纷至沓来的投诉中，最终还是被人们发现平台广招投资者非法集资。2017 年 8 月中旬，王女士通过返利网在QQ群内看到普天金安的理财广告，推广页面赫然写着“国企参股+恒丰银行存管”，预期年化收益率为8.8%~10.8%。其实，通过梳理骗子的吹嘘发现，鑫森诚意的法人股东为河北安同投资管理有限公司；而河北安同的股东为中安亚太控股有限公司；中安亚太的法人股东为国资委旗下商业网点建设开发中心；普天金安又宣传平台有恒丰银行为其进行存管，且投资者可以随时在普天金安APP上查看资金安全性，这进一步消除了投资者的顾虑。”在王女士看来，“国资控股+银行存管”基本属实，因此放松了警惕性，认为其是正规的P2P平台，最终王女士于2017年8月23日在该平台投资标的号为“895号标”的一月新手标19万元整，年化利率7.5%。公开资料显示，商业网点建设开发中心为全国商业流通领域的网点建设和开发提供服务，是1993年10月11日经中央机构编制委员会办公室批准成立的国家事业单位，司局级。原隶属于国家内贸部，2002年起隶属于原国家经济贸易委员会，2004年划归国务院国有资产监督管理委员会。2018年1月22日，在王女士与多位投诉者的走访下，商业网点建设开发中心安排下属中安亚太负责人与其进行了沟通，对方表示下级公司河北安同与普天金安平台并无实质性项目合作，普天金安只是打着“国资控股”为噱头大肆进行广告宣传，后被中安亚太方察觉，于2017年3月对河北安同提出撤资申请，但工商信息拖延至2017年8月24日才完成正式变更。然而投诉者方面对此说法并不买账。2017年8月21日，普天金安还在其官方微信公众号上发布中石油旗下华港集团高速新能源科技有限公司出资收购河北安同的消息，还贴出了鑫森诚意、河北安同和高速新能源三家公司盖章的合同扫描件，继续欺骗投资人，以掩盖中安亚太撤资，河北安同已变成纯自然人持股的事实。资料显示，部分所谓“国资系”平台，和国资仅有一丝联系，却有意刻画平台国资背景雄厚的形象，以误导投资人。让王女士没想到的是，在她刚投资后不久后便收到了普天金安“暴雷”的消息。2017 年 9 月 19 日，该平台被公安机关以“非法吸收公众存款”立案侦查，至此鑫淼诚意人去楼空，客服电话无法接通，法人尚某失联，平台官网向投资人承诺的分批兑付计划如竹篮打水一场空。

其实，早在 2015 年 12 月 3 日，e 租宝就曾经针对媒体的报道发文澄清“e 租宝有员工被警方带走”系 e 租宝深圳某代销公司有员工正在协助当地经侦部门例行了解情况。很快该事件发酵成了社会舆论关注的焦点热点，各种传闻在网上不断。成立于 2014 年的 e 租宝，不到两年时间，其平台数据显示交易量已经突破 730 亿元人民币，投资人数达 490 万，已是 P2P 行业不折不扣的隐形巨头。同年 1 月 11 日，深圳市公安局经济犯罪侦查局通过官方微博发布消息，称已经对“e 租宝”网络金融平台及其关联公司涉嫌非法吸收公众存款案件立案侦查。此后，继 e 租宝之后，又一家投资理财平台大大集团被查。2015 年 12 月 22 日，大大集团确认因涉嫌非法集资被立案侦查。有消息灵通人士称，大大集团采用高薪招聘员工，其实是在招揽投资人。从 2015 年 11 月开始，大大集团强制员工购买公司理财产品“大大宝”，拒绝该规定的员工将被劝退。其募资能力非常惊人，大大集团郑州公司自 2014 年开始营业以来，一个营业部月融资额可达十几亿元之巨。其不仅将广告做进银行里，大力发展三四线城市，还利用项目重复募资。截至 2015 年 10 月，大大集团已在全国开设 23 家省公司、4 家直辖市公司、229家市公司、374家分公司，717家支公司。

2015年1月18日，中国银监会联合工信部、央行和工商总局公开点名“MMM金融互助社区”，称其打着“金融互助”旗号，以高额收益为诱饵，吸收广大公众参与投入资金或发展人员加入，具有极大风险隐患，并表示“MMM金融互助社区”及类似主体不具备合法资质，运作模式具有非法集资与传销特征。MMM互助金融社区号称月赚30%，会员参与投资以马夫罗币为载体，投资买入马夫罗币被称作“提供帮助”，而卖出马夫罗币获利则被称为“得到帮助”。在这个平台上，会员先要确定投资额度和币种（比特币或人民币），再由系统匹配需要卖出马夫罗币的会员。2015年12月25日，MMM互助理财平台发布公告称：目前将取消所有的提现申请，即所谓的冻结旧马夫罗提现申请，而新的投资马夫罗交易照常进行。据俄罗斯有关部门通报，2007年4月28日，“MMM金融互助社区”创始人谢尔盖·马夫罗季通过MMM公司实施违法犯罪行为，被俄罗斯当局指控犯有诈骗罪，并判处4年6个月有期徒刑，后刑满释放又重操旧业。目前整个平台的资金状况为只进不出，而基于该骗局的平台构成结构进行观察的话，似乎靠拉拢人头进行补“漏”经营已经注定了其资金崩盘的命运。

2016年10月10日，来自浙江温州的吴某将一名张姓男子扭送到三明市公安局梅列分局，报案称张某骗了他16万元。“如果是普通的借贷纠纷，为何吴某在报警时却口口声声说是诈骗呢？”梅列分局刑侦大队民警心生疑惑。询问中，张某承认其通过实名注册在某网络借贷P2P平台上向吴某借款。但当民警问起张某怎么借的钱，借了多少笔，约定多少利息时，他却哑口无言，这说明借贷时可能不是他自己操作的。梅列分局刑侦大队推断这个人可能只是个傀儡，他的背后还有一个团伙。经进一步侦查，警方了解到 2016 年 7 月，张某在朋友介绍下认识了郭某，郭某向张某介绍，可以将真实信息提供给邱某等人在网络借贷平台上借款，并获得回扣。“他们只是让我把身份证、银行卡、电话号码、微信交给邱某，由他们来操作，到时会分钱给我。”张某在公安机关交代讲。受害人吴某说，其于 2016 年 7 月 15 日加了张某的微信。当天，张某就把他的身份信息、工作证明和收入证明发给吴某，说需要周转资金向吴某借款。吴某回忆说第一笔是 1 万元，通过某网络借贷平台借的，借款期限为 15 日，利息为 24%，第一笔借款他连本带息及时还了。第一笔借款之后，张某在微信上多次向吴某借款，吴某担心款项无法收回，便要求到三明与对方见面。张某说，邱某为了不让吴某发现真实的借款人，就叫其与吴某见面，还给他 5 000 元买衣物进行包装和招待。见到吴某后，张某请他吃了饭，郭某自称是张某表弟，并当场将准备好的工作证明、收入证明以及名片再次交给吴某查看，打消他的顾虑。由于自己都亲眼看到了张某，所以就放心借钱了。回到温州后，吴某就给张某放款了，一共 16 万元。2016 年 8 月 1 日，当 16 万元的借款到期后，吴某打电话向张某催收时发现，张某已将电话关机。至此，吴某共计借出款 19 万元多，收到还款及利息 11 万余元，损失共计近 8 万元。发现自己被骗后，吴某再次来到三明，发现之前张某提供的住址电话及工作单位为虚假信息。后吴某在三明市梅列区发现张某，并将其扭送至梅列分局。侦查中，民警赶到借贷平台位于北京的总公司进行调查取证，发现该借贷平台系国内相对完善的 P2P 平台，并无犯罪迹象。她又调取嫌疑人张某的借贷数据，在对海量数据进行梳理后，挖掘出了隐藏在数据深处的线索，该诈骗集团的作案手法也随之清晰。原来，“该诈骗集团的作案流程主要分为四个步骤。”首先，团伙会发展一批中介，由他们来寻找“客户”即借款人，用其真实身份在网络借贷 APP 平台上注册账号。第二步就是“刷流水”，即利用组织者提供的资金和工作人员已有的网络借贷账户帮助“客户”的账户做借款和还款的流水，以提高信誉度来欺骗“放款人”。一旦信誉度提高后，就进入第三阶段“玩号”。工作人员会使用客户提供的微信号，以客户的名义在该网络借贷 APP 平台微信群内寻找放款人借款。时机成熟后，便开始大额借款。当该账号借款达到一定程度，不再具有利用价值时，就进入最后阶段“剪号”，切断与放款人的一切联系，后期拒不偿还。2017 年 1 月 18 日，梅列分局专案组民警在龙岩市新罗区抓获犯罪嫌疑人李某、邱某，并于第二天在龙岩市新罗区抓获该诈骗集团头目邱某。经审讯，2016 年 2 月起至 2017 年 1 月 16 日间，邱某伙同骨干邱某、李某、郭某等人，先后在龙岩市区、永安市区、三明市梅列区以及龙岩市火车站边的出租房，组建诈骗团伙“工作室”，使用客户张某、罗某等 40 余人的身份实施诈骗。该案涉案嫌疑人多达 140 余人，受害群众达 1 000 余人，遍布 25 个省、直辖市、自治区，涉案金额高达 1 000 余万元。

P2P 的发展虽然历经数年，但仍属于新生事物。就目前来看，主要风险来自于以下几个方面：第一是跑路风险。跑路风险是 P2P 行业目前最大的风险，也是最常见的风险。表现为平台骗取投资人的巨额资金后，玩人间消失，让投资者欲哭无泪。产生的原因，主要是成立平台的人，本来就是来诈骗的，他们往往用高息来吸引客户，大部分项目也是虚构的，吸引来的资金往往会落入自己腰包。这类平台的网站往往做得很山寨；核心团队的介绍都是些华而不实的吹嘘之词；往往给出很高的利息来吸引投资者；项目披露的信息简单且缺少证明文件；没有资金托管；运营时间短。第二是坏账风险。坏账风险是指平台从投资者那里募集了资金，然后发放给某个借款人，结果到期了，借款人由于各种原因，无法还款，并且是没有还款的可能。坏账风险的产生，通常是由于平台审查不严，风险控制不到位、不专业造成的。这种平台没有详细调查借款人的银行信用记录，也没有办理抵押或者质押手续。一个可行的方法是，看看这个平台主要的项目是否都集中在风险比较大的领域。另一个方法，就是看看逾期的情况多不多，如果经常逾期，那说明项目出问题的几率也是比较大的。第三是逾期风险。到该还款的前一天，才知道借款人没有钱还，那肯定无法采取任何补救措施了。大家应尽量选择专业化的平台，并且均有抵押或者质押物的平台。少投信用标。第四是流动性风险。你去提现时，发现提不出来，然后平台用各种理由来搪塞；最后实在不行了，才告诉你，银行账户没钱了。识别的方法就是有没有做资金托管。是否做了资金托管，可以向做托管的第三方支付机构求证。

22. 发生在银行的故事

2017 年 3 月，广东惠州惠东县的刘先生在 ATM 机取款。卡插进去了，但是钱出不来，这可急坏了刘先生。突然，刘先生看到在 ATM 机的不起眼位置，看到张贴着一张服务告示，上面写着“尊敬的储户，由于 ATM 机系统终端升级，储户取款业务办理中，遇到不出钞、不吐卡等特殊现象，请不要离开，立即致电银联中心 24 小时客服电话进行补账处理，逾期不办理，损失自负！银联客户电话 140－3140578”。温馨提示还带上图片，一位身穿“工作服”的女银行职员在敬礼。刘先生没有多想，按提示拨了过去。刘先生着急的讲：“你好，我在 ATM 机上取了 3 000 元钱，但是钱怎么都不出来。”对方回应道：“你的银行卡是不是没有余额了？”刘先生赶紧回复：“不可能啊，我的卡里还有 4 万块钱，而且我手机也收到提示短信说我取了款，但不知怎么回事机器不出钱啊！”对方非常暖心地告诉刘先生：“哦哦你别着急，我从我们银行的系统里面调一下数据，应该能查出是什么原因。你把你的银行卡号和密码告诉我，我先把你没取出来的钱给退回账户。”刘先生心想，能先退回去那太好了，于是忙不迭就把银行卡账号和密码告诉了这名“客服人员”。随后，客服人员让他等待回复，先挂断了电话。就在几分钟后，刘先生收到短信，银行卡内的钱被悉数取出，而之前的“客服手机”再也无法接通，刘先生这才知道被骗，立刻向公安机关报了案。

同年10月8日6时许，家住南平的赵先生在城关东大路的中国农业银行ATM自动取款机取钱，输好密码后钱却没有出来。赵先生很着急，看到自动取款机左边贴了一张“温馨提示”的纸条，于是赵先生按照提示上所说的，拨通了23113766671电话。一名自称是银行工作人员的男子让赵先生把账户上的钱转到他指定的一个账户内，然后再从这个账户内把钱取出来。于是赵先生就按照对方的要求，把原来卡上的45 576元钱转到对方指定的账户。然后赵先生就打电话给对方，对方叫他早上8点半后到农业银行某营业网点找他拿钱。可是第二天8点半赵先生到达农业银行某营业网点却根本找不到人，而这个时候的电话也打不通了。赵先生感觉自己是被诈骗了。

要说前面两个事例中的受害者比起南京市民蔡先生的损失，那还真是小巫见大巫了。事情源于2015年，在南京居住的蔡先生在大学同学马万颖的介绍下，通过江苏银行新港支行员工李晟即马万颖的表妹向江苏银行存入300万元。当时李晟按照所在银行的规定要承担一定数额的吸储任务，利息为14%，相对其他银行要多出十几个百分点。办理存款业务当天，由于蔡先生出差外埠不能到场，而是将身份证件传真给李晟，请其代为开户。收到新卡后的蔡先生向其中存入300万元，并修改了卡的初始密码。然而半年多后，蔡先生发现他银行卡上的300万元竟然“神秘消失”了，仅剩下10元余额。查询后，蔡先生发现这笔钱是通过自己的网银转出的，而该网银所绑定的是马万颖的手机号。蔡先生表示本人未曾开通网银，对自己的银行卡开通网银服务毫不知情。由此，蔡先生怀疑，是江苏银行员工李晟私自以蔡的名义开通了网银，并“盗走了钱”，而其表哥马万颖则是“帮凶”。由于与李晟已经失联，蔡先生希望由江苏银行赔偿自己的损失。交涉未果后，蔡先生向南京市栖霞区法院提起民事诉讼。诉状称，因江苏银行职工违规操作，偷开我的网银据为己有（并存在一系列的管理漏洞），致使我存在账户上的300万元丢失，强烈要求江苏银行归还被盗的300万元。江苏银行综管部相关负责人表示，此案不是一个简单的“储户存款在银行丢失”事件。从银行掌握的初步情况来看，是当事人涉及到民间高息借贷，在产生风险后，想把风险转移到银行身上的不法行为。就在蔡先生向法院提出诉讼不久后，江苏银行向当地公安报警。法院已针对此事多次开庭，2017年2月28日，因“相关事实涉嫌经济犯罪，且公安机关已经立案侦查”，南京市栖霞区法院将该案移送至公安机关，该起民事纠纷案件由此转为刑事案件。与蔡先生的遭遇相似，也有其他几名储户的资金在存入江苏银行南京新港支行后“神秘消失”。中国银监会江苏监管局称，经核查，蔡先生于2015年3月24日在江苏银行新开借记卡，办理时未留存蔡先生身份证复印件，也未使用二代身份证读取设备读取蔡先生身份证信息，上述操作违反了《江苏银行聚宝借记卡业务管理办法（2012年修订）》相关规定。

2017年2月27日，平阳中级人民法院刑事第五审判庭庭审预告显示，即将开审的是一起票据诈骗案。随着审判长法槌声的响起，被告人陆续被押入法庭：为首的是身穿黑色羽绒服的张某，面容消瘦；紧随其后的是谢某，穿着黑色风衣，身形较胖；最后进入法庭的，则是本案唯一的女性被告人韩某，她扎着马尾，神情略显紧张。除了韩某20多岁外，其余男子均是三四十岁的年纪。蹊跷的是，本案中的张某，之前一直自称银行工作人员，其实跟银行之间连个用人合同都没有。但张某除了现金区不能进之外，银行网点内的所有办公室都能自由进出。原来，张某是银行找来的“能人”。检方提供的证据显示，2014 年 11 月 29 日，天津银行平阳分行向公安机关报案称，其银行在接收一笔 20 亿元的存款时，张某等人涉嫌使用伪造印鉴的大额存款通知书，计划将这笔资金“骗走”。相关证人证言表明事发时，广发银行北京分行作为托管人，盛鑫资产管理股份有限公司作为管理人，计划将 20 亿元存入天津银行平阳分行的账户内。而事件中的张某，之前一直自称银行工作人员，一直对接此事，当 20 亿元进入支付系统内后，张某从 VIP 室内，打印出了一张大额存款通知书，并欲交到广发银行北京分行的负责人手中。广发银行北京分行负责人证言称，其因对操作流程存在质疑，提出查看相关出具流程。张某等人则称当时称系统无法联网，操作流程是规范的。第二天，在天津银行平阳分行的会议室内，三方仍争执不下，张某等人提出，将款项退回原银行。随后，天津银行平阳分行发现，张某出具的大额存款证明书系伪造，于是选择了报警求助。张某被警方带走后，很快吐露，其之前还与同伙曾对一笔 3 亿元存款“动过手脚”。原来在 2014 年 3 月，他经人介绍认识男子谢某。谢某自称是东北某理财公司的副总经理。谢某表示骗取客户存款可以获取高额“佣金”回报。谢某在一张 A4 纸上，详细向他介绍了这种非阳光业务的具体操作流程：在大额存款进入“存款通道”后，进到银行内，利用假的大额存款通知单，到银行前台将钱兑换成支票取出。然后再将这笔贷款借给事先找好的用款企业，以此获取“佣金”。张某也不含糊，随即提出必须由存款方承诺签署“六不原则”：即对这笔资金在一年时间内，承诺不挂失、不抵押、不转让、不查询余额、不开通网银、不提前支取，从而为用款企业争取一年的贷款使用时间。张某在法庭上讲，对于用款企业，他是没有话语权的。当时他通过别人联系了山东一家企业。作为“投资方”的谢某还特意到了该企业进行考察，对企业的情况比较满意，选为用款单位。很快，“好戏”来了。谢某带着自己公司里的人，到天津银行平阳分行察看是否有资质承兑该业务。不久，谢某开始联系3亿元资金的“金主”广发银行北京分行，其对银行提出要介绍一笔跨行存款，可为这家银行获得一笔高息。但是如果这笔钱直接从广发银行北京分行转入天津银行平阳分行，不仅没有额度，而且属于同业存款，不能算作一般性存款，无法算作银行业绩。为此，谢某联系了盛鑫资管，由盛鑫资管作为资产管理方，代理广发银行北京分行的这笔3亿元款项，把钱几经辗转，再汇入天津银行平阳分行。2014年5月27日这天，按照预先的计划，张某伙同“临时”招聘来的韩某将一张已填好的大额存款证明书放在打印机下的抽屉内。接着，当盛鑫资管财务人员来办理存款时，张某拿来一张空白大额存款证明书，坐在电脑旁的韩某则开始假装敲击键盘、点击鼠标，张某趁盛鑫资管财务人员不注意，用事先备好的证明书，替代之前的空白证明书，并到外边盖好假银行印鉴后，再交给盛鑫资管财务人员。对方不疑有假，将此证明书带走。当天下午17点左右，3亿元进入天津银行平阳分行内的盛鑫资管账户。张某与韩某此时“摇身一变”，又成了盛鑫资管财务人员，带着假印鉴到银行前台把3亿元以支票方式转到转给了山东某企业，其中2亿元该企业使用，其余1亿元，转贷给一家面粉厂。在这场交易中，谢某分得 2 600 余万元利息，其中 1 100 万元给了“金主”，扣除相关费用后谢某实际获得 850 万元。张某获得好处费 1 800 万元，韩某最终拿到 100 余万元好处费。

通常人们迈进银行营业大厅后就会感觉自己置身在安全金融环境之中，或者委托银行工作人员办理业务，自然风险会降到“零”。其实您是太天真了，犯罪分子往往也会利用您的防务漏洞而轻而易举的突破您的安全防线。日常生活中，若您发现银行自助设备出现故障，千万不要随意按照小广告上面的通讯电话进行联系。一旦用户与犯罪分子联系后，犯罪分子肯定会千方百计套取用户银行卡密码信息，并在用户离开后返回 ATM 柜员机，取出堵塞出卡口的异物及银行卡，从而盗取用户卡内的现金。客户取款时应先检查取款机是否有异常，发现异常立即停止使用，也可以拨打银行客服电话，联系工作人员进行处理，切勿相信 ATM 机上粘贴的小卡片来自行解决问题，更不能透露自己银行卡信息，如果发现出卡口或出钞口异常堵塞可拨打 110 电话报警。各家银行固定客服电话如下：工商银行 95588；农业银行 95599；中国银行 95566；建设银行 95533；交通银行 95559 ；兴业银行 95561；招商银行 95555 ；邮储银行 95580；光大银行 95595；民生银行 95568；华夏银行 95577；中信银行 95558。

事件中，蔡先生的遭遇是遇到了来自银行内部的“蛀虫”，其诈骗手段较前者更加专业和隐蔽，当然解决起来也非常麻烦。蔡先生过于相信朋友和所谓的银行内部工作人员，再加上高息的利诱，使得蔡先生遭受了如此巨大的损失。如果蔡先生亲自到银行网点办理存款业务，且不被所谓的高息诱惑到“指定网点”，自然也不会埋下日后的“祸端”。与前面有所不同的是，天津银行平阳分行报案中所指张某的作案则非常专业。作为银行间高贴息的风险投资业务往往涉及多方利益，资金掮客利用人脉游说其间，就是为了“博弈”各方利益。有的银行关注业绩，有的银行关注存款。只有各方都满意自己在这场交易中的“收益”，“存款通道”才能搭建成功，掮客才能从中渔利。定期存款存入银行内，原则上根本无法取出，那张某的整个佣金赚钱计划肯定自然也是泡汤。为了让原有的定期存款转为活期存款，必须要对相关票据造假，大额存款证明书伪造成功后，才能到柜台办理支票，转出存款。谢某到张某“工作”所在银行进行“核行”，有可能是为了后面“金蝉脱壳”做准备，从而与张某接下来具体实施票据诈骗的行为进行“切割”。谢某的辩护人就提出，核行正是因为谢某对张某的具体身份存疑，也证明其对后续票据诈骗不知情，因此谢某行为不构成票据诈骗。法庭上，张某对案件参与的情况供述很详细，案件的很多细节都是他吐露。他表示和银行方面非常“熟悉”，甚至可以使用 VIP 室。但自己作为存款方，只是负责在资金存入银行之前进行“斡旋”，对于资金如何被“骗出”，他一概不知情。

23. 本想不劳而获没想到反遭欺诈

大学毕业不久的年轻姑娘小刘准备报名国家公务员考试，但由于长期懒于学业钻研，因而想学着大多数人一样，在网络上搜寻“捷径”。终于，小刘联系上了一名考题“卖主”。2016 年 6 月 5 日，他通过 QQ 号与对方取得了联系，对方先后分 7 笔收取题目费用、保证金等总共 14 500 元，随后将其拉黑。发现上当后，小刘赶快报警求助。民警先通过 QQ 追查难以获取有效线索，又通过追踪支付宝账户查到，钱款到账后马上被转入另一张银行卡，随后被三人分十笔取现，通过对 ATM 机的取款录像、取款人打车车辆、住宿信息调查，三名当事人邓某、谭某、曾某的个人信息逐渐明朗。民警赶到湖南衡阳市进行追捕。但是，对方反侦查能力很强。2016 年 7 月后，三个人行踪更神秘，不住店、不打车、不用自己身份证，给破案带来很大困难。2016 年 10 月 26 日，民警接线索，邓某可能住在衡阳某小区亲戚的房子里，民警假扮物业进屋，将邓某和女友谭某一起抓获。当时邓某的电脑上，其用于网络行骗的 QQ 号、银行账户等都处于登录状态，民警当场进行了取证。30 日，嫌疑人曾某在衡阳落网。三人到案后交代，邓某从 2015 年 6 月开始，一直以在网上卖考试答案行骗为生，只要有地方要进行考试，邓某就会“出售”考试答案。曾某今年 3 月开始向邓某“学习”这种骗术。谭某认识邓某后，则为其提供作案工具，并帮其取钱。邓某用于诈骗的QQ号就有10多个，被害人涉及北方多个省市，被害人损失少则两三千，多则上万元。2017年4月17日，邓某、谭某、曾某已因涉嫌诈骗罪被刑事拘留，案件正在进一步审理中。

在涪陵区从事建筑行业的王娇已经43岁。因为工作需要，她想要考取二级建造师资格证，但因为生活琐事没能认真复习。王娇盘算着：看来只能是裸考了。2017年5月14日的早上，她的手机收到一条短信“二级建造师最后冲刺，我们提供考前试题帮你顺利通过，无忧拿证!”之后还附有一个QQ号。5月26日后，随着考试时间越来越接近，王娇想起了这条短信。抱着试一试的心态，她加上那个QQ号，给对方说明来意。对方自称是位于北京的“环球教育”培训机构。承诺出售的都是真实考题，试题是通过关系和金钱买通内部人员，在试题印刷、运输、保存的某个环节把考卷扫描出来，绝对和考试中的题目一模一样，然后由高薪聘请的老师做出高质量的答案，“只要你能全部记下，保证一次通过。”试题售价500元，工作人员发来不少转账成功和部分考题的截图，转账的金额在600元至2 400元之间。“这都是其他人买题的凭证，你放心就是了。”看着对方的一再保证，王娇终于下定决心。她提出，先支付200元，考试后确认发送的是真题，再支付余下的300元。没想到，对方竟然爽快答应。28日晚10点多，王娇转账200元过去，很快收到一个文件，可打开这个文件需要密码。工作人员的解释是，现在离考试还有一段时间，为了防止考题泄露与倒卖。昨晚领导在发给考生的试题时都加密了，要求办理的合作考生缴纳1 000元保证金，等所有合作考生顺利走出考场后统一返还。工作人员“诚恳”的解释并没有说服王娇，王娇惊觉这是个骗局。“我转了1 000元保证金，肯定还有更多的理由让我打款。”她想要对方退还200元，却遭到拒绝。见王娇想要退款，工作人员变了脸色，“不交保密费，马上私底下把你的报考资料公布，让你终身禁考任何人事考试。”5月27日，王娇致电媒体热线揭露此事。当天下午，她向涪陵区崇义派出所报警。

2017年3月的一天，赵青在前程无限网站上看到一则招聘信息，招聘方是北京古月佳酒店管理有限公司。仔细阅读后，赵青想应聘酒店的保镖岗位，月薪8 000元。赵青之前在内蒙古当了8年兵，2016年12月退伍。赵青认为他的自身条件比较符合保镖的职位要求，而且他对薪酬也非常满意。3月19日，赵青从家乡来到北京应聘。他来到北京西站附近的银都酒店，在三楼KTV的一个包间里参加面试。面试官说，保镖的工作内容就是保卫老板的人身安全，得先交200元办IC卡，再交300元的工服钱。交完钱，面试官又“点拨”他，说想好好干的话得跟领导搞好关系，让他买两条烟给领导送礼。“我刚来就让我巴结人，这我不干。”赵青摆摆手，拒绝了对方的“善意提醒”。随后，赵青见到了发布招聘信息的“金经理”。“金经理”告诉小赵，这个职位是夜场工作，除了要保卫老板的安全，还要能“扛事儿”。赵青一听，这分明就是让他当打手，便说自己干不了。“那就没适合你的岗位了。”“金经理”说，即使不干保镖，已经交的钱也退不了了。赵青赶紧求情，表示自己还可以做内保。招聘启事中这个职位的月薪是5 500元，也在赵青接受范围之内。这一次，他被支到另外一家KTV里，又交了100元的“临时卡费”。交完钱后，赵青填了入职单和合同，但是签完就被对方拿走了，自己甚至都没看清上面有没有公章。交完钱这帮人就让赵青回家等着通知，但等了这么久了，小赵也没有等到对方通知上班。赵青每天都打电话催问，但得到的答复总是“再等等”。他有时急了，说不等了，但对方却说“那钱也退不了了。”无奈之下，赵青只好重新找工作。3 月 25 日，他在赶集网上看到“北京京门商务酒店有限公司”招聘内保队长和教官的信息，于是便前去面试。面试的地点位于东侧路的一间地下室。一名姚经理接待了小赵，让他去蒲黄榆附近的蓝猫 KTV 报到。这一次，对方收了他 200 元的 IC 卡办卡费和 80 元的“存档费”。一听要交存档费，还问他要两张一寸照片，赵青非常高兴：“看来这回是正规的了。”没想到，交完钱后对方又让他买烟送礼。此时赵青身上已经没什么钱，但由于找工作心切，他花 200 元买了两条中南海，送到 KTV 经理手中。经理告诉他，正式上班之前需要进行消防证的培训，要培训 7 天。拿到消防证，他就可以回来上班了。培训的集合点位于西四环靛厂锦园小区的一间地下室。刚一到这里，赵青的身份证便被收了上去，说是办消防证用。赵青发现，在这里“培训”的已经有 30 多人了，而且还有拉着行李箱的人不断过来。这些人和他一样，都是刚来北京，都是 20 多岁。他一问其他人，发现都是来北京找工作的，都交了钱，都被要求给领导买烟，而且合同签完都被收走了。赵青终于明白是怎么回事了。赵青选择了报警，报了警才把身份证要了回来。

上面几个事例中的当事人，都是被骗子耍来耍去的“玩偶”。损失钱财不说，还无法向周围亲戚朋友大张旗鼓谈论这些“糗事”。其实，骗子就是利用这些人出小力获大财的懒惰情绪，为这些朋友专门设下的坑人“圈套”。工商登记信息显示，这家公司注册资本100万元，但实缴出资金额为0元。北京市企业信用信息网上，“北京古月佳酒店管理有限公司”留有一个联系电话，但拨打后只听到一阵一阵的“嘟嘟”声，这个电话已停机了。王娇参加的二级建造师资格证考试实行省、自治区、直辖市管理和命题制度，保密级别属于二级。但和国家统一考试保密级别一级一样，都属于国家级考试。换句话说，王娇获取考试题目本身的行为已经涉嫌触犯刑律。骗子也是抓住这一点，因而即使事情败露量你也不敢报警，而只能是自吞苦果。这里提醒大家的是，国家秘密的属性分为“绝密”、“机密”、“秘密”。二级建造师资格证考试秘密的属性属于“绝密”。如采用收买方法非法获取国家秘密，其行为有可能构成非法获取国家秘密罪，而出卖方则涉嫌构成故意泄露国家秘密罪。

24. 买保健品甘愿“挨宰”

2014 年 6 月 17 日，一则关于治疗腰间盘突出的电视广告，将王艳芳老人带入被持续诈骗 14 万元的深渊。对方自称是北京中医药养生研究院，声称他们的药能将王大妈的腰间盘突出根除，起初王大妈只是抱着试试看的心态，花了 1 980 元买了一次。却不曾想，这一次的尝试只是开始。事情要从 6 月 17 日说起，年近 60 岁的王大妈像往常一样，照顾 80 多岁的老母亲吃过饭后，打开了电视，看到一则能够根治腰间盘突出的广告后，向广告屏幕下方显示的号码打去了电话。对方了解了王大妈的病情和基本的家庭情况后，便给大妈推荐了他们研究院一位姓槐的老教授。之后，这位自称槐老的教授便隔三差五的给王大妈打电话，不仅询问她的病情，还对老人嘘寒问暖。几番电话沟通后，王大妈彻底放下了戒备。“我觉得一个 80 多岁的老教授是不会骗我的，他自己也说，他也是老人，这么大年龄了，怎么可能骗人。他还说我的病好了之后，就让我做他的宣传大使，还给费用。他 8 月 20 日还会亲自来邯郸开研讨会。再者，我也想尽快把这腰间盘突出治好了，能好好照顾我的老母亲，就买他们的药了。”谁知，王大妈这一出手，便一发不可收。从 1 980 元 10 盒的金蛇骨康，到 4 万元两箱 20 盒的金蛇骨康外加一些其他辅助的药。前前后后 20 多次，每次都是货到付款。老太太一算，都花了 14 万了，可自己的病情并没什么好转。这时，对方仍源源不断地给老太太寄药过来，并让老太太付钱。老太太一直瞒着家里人跟亲戚朋友借钱，还向女儿要了几万块钱。王大妈的女儿史女士说：“起初我在省外出差，听说母亲要治病，我就没往心里去。后来母亲说钱不够花时，就觉得不对劲了，好说歹说，母亲讲了实情，我才知道她被骗了。”得知被骗后，8 月 20 日史女士便带着母亲到邯山区公安局报案。邯山区公安局刑警大队的民警回应，这种药品诈骗案件不归他们管，让他们到市食品药品安全监督支队报案。9 月 17 日，他们到邯郸市食品药品安全保卫支队，其工作人员回应，他们会调查，史女士需要将药拿到食品药品质检局查证药是假的，做个体检，证明吃了这些药后，病情有所加重，目前由于证据不足，暂不能立案。10 月 8 日，邯郸市食品药品监督管理局的一位高姓工作人员告诉老人家，检测报告称一种“金蛇骨康”的药不是药品是健康用品，一种“雪莲”检测是假药，一种“虫草”的药是普通的补药。10 月份，老太太多次来到市食品药品安全保卫支队，负责此类案件的民警称“证据不足，暂不能草率立案”。10 月 29 日，市食品药品安全保卫支队通知老人，让她到邯山区食品药品安全保卫大队报案。29 日下午王大妈到邯山区食品药品安全保卫大队，一位姓李的女民警仔细了解了老人被骗经过后，让老人写了案件材料。但端详这药带有“万仁”二字，属于保健品，不在他们的管辖范围，只能让老太太去找工商部门。老人的案件暂时没有被任何部门受理。10 月 26 日上午，老太太再次接到自称槐教授的电话，王大妈说自己借不到钱了，不买药了。那位槐老说通过自己的人脉关系，可以帮老太太报销 20 万元，但需要老人家先交 1 万元的个人所得税。下午自称研究院卫生部的林科长给老太太打来电话，再次解释报销那 20 万元的事，但由于种种原因只能帮老太太报销 10 万元，她只需交 5 千元个人所得税款。“这不是明摆着敲诈吗，太猖狂了他们。”史女士无奈道。“我只希望有人管管他们，可是现在都没人管这事”王大妈一遍遍地哭诉着。王大妈一直使用的“金蛇骨康”牌膏药和药水，商品外包装盒上的厂名标有“河南万仁药业有限公司”的字样，其批准文号字头为“豫健证字”。该厂一位工作人员表示，这两款产品的确是他们公司生产的，但他们只管生产，如果经销商的广告宣传有夸大的情况，她会向公司上级部门反映。“这两种产品是健康用品，但肯定不是药品。”邯郸市食品药品监督管理局的工作人员介绍，药品的批准文号为“药准字”开头，保健品都是“国食健字”或“卫食健字”，从没见过“豫健证字”这样的文号，建议不要购买。如果怀疑该产品的广告宣传和质量有问题，可以向当地工商部门投诉科举报。

“叔叔、阿姨，邀请你们来参加活动，就是为了给你们一手送健康、一手送财富。”与以往夸大疗效引诱购买保健品案件不同，这家保健品经销商承诺购买保健品就赠送原始股票。上海警方历经 2 个月的缜密侦查，破获一起以购买保健品送“阿里健康”股的全国系列团伙诈骗案。目前，此案已明确受害者上千人，案发地涉及 20 余个省份。据悉，该犯罪团伙在上海共涉及 5 家经销商，涉案金额近 200 万元。2017 年 3 月，家住普陀曹杨的徐阿姨逛商场时，被名为“顺势顺美”的商铺店员以健康咨询为由搭讪，并邀请徐阿姨参加在枣阳路汾河大酒店内举办的健康咨询和商品展销会。展销会上，一家名为“上海雷邦生物科技”的公司作为主办方向到场的 100 多名中老年人推销一种名为“海参多肽”的保健品，称该产品能增强老年人的免疫力，会上购买还可获赠马云旗下“阿里健康”港股100股及该产品生产厂家“源力德海洋生物有限公司”200股原始股。“我们送的股票投资回报率很高，可以让您把过去几年甚至以后几年买产品的钱都赚回来。”徐阿姨在工作人员对保健品及原始股票的高额投资回报的反复鼓吹下，以每套2 980元的价格购买了7套该产品，并得到一份“股票代持协议”。这本红色封面的“股票代持协议”上，写着“免费赠送阿里健康股票100股”。在乙方处填写了名字和身份证号码，甲方“上海雷邦生物科技有限公司”盖了印章，徐阿姨就以为自己已经拿到了“源力德海洋生物有限公司”的原始股，只是交由“上海雷邦生物科技”代持。当时也在会场的“顺势顺美”店员告诉她，股票收益会定期返现给她。此后，眼看着“阿里健康”的股价不断攀升，徐阿姨却从没拿到任何回报。11月，感觉事有蹊跷的徐阿姨来到“顺势顺美”，却发现该店已人去楼空，徐阿姨这才意识到自己可能被骗，方才报案。曹杨派出所接报后，第一时间赶赴山东烟台、北京等地与“海参多肽”和阿里健康总公司取得联系，得知所谓的赠送股票纯属虚构。“阿里健康表示从未以此形式发售过股票，源力德也表示没有发行过原始股。”警方初步认定该案是一起以售卖保健品为幌子，实为虚构所谓高额股票投资回报的诈骗案件。根据徐阿姨提供的线索，专案组于12月7日在虹口区车站北路一商务楼内将“雷邦生物科技有限公司”公司法人王某雷抓获。通审讯，王某雷交代了去年3月伙同他人组织召开展销会实施诈骗的犯罪事实，并交代这些保健品和诈骗套路都是上线李某提供。专案组也核查发现，“雷邦公司”的银行账户与李某账户确有频繁的资金往来。经排摸调查，警方迅速掌握“山东聚领有限公司”负责人李某的行迹并在12月28日将其抓获。通过对“聚领公司”账户及银行流水的核实对比，专案组又获取了李某的上级供货商王某和他下级遍布全国的代理商的重要线索。专案组立即将王某抓捕归案。本案诈骗团伙的组织结构共有三层。供货商王某为第一层，其在商品供货环节赚取差价，同时培训讲师；李某所在的“聚领公司”为第二层，负责招揽各地代理商和讲师；像“雷邦”这样的代理商作为第三层，以售卖保健品为幌子，虚构所谓的高额股票投资回报，引诱受害人购买谋求暴利。

广东道山食品有限公司旗下多家绿色食品连锁超市门店，吸纳老年人会员客户组织前往山庄旅游，其间涉嫌以洗脑、夸大病情、言语强制等多种手法进行会议营销，并向老年人兜售高价保健品。该事件引起广东省、广州市两级工商行政主管部门的高度重视，广州市多个区的工商部门迅速到相关门店检查执法。回忆起此事，家住越秀区黄花岗一带的高阿姨称，她是一名参与过道山绿色食品超市会议营销的消费者。2017年5月，“道山”淘金店开业后，她和丈夫在店员推销下办理了会员卡，接下来一个月不到的时间段，夫妇俩参加了该店组织的各种消费活动，金额近6万元，买回来72瓶蜂胶。“要进店买东西就得办会员卡才有折扣优惠。”高阿姨说，“不用交钱，留下手机号和姓名就可以。”去年5月中旬，超市为会员组织了一次旅游活动，她由于身体不适没去，一周后店里又邀请她，对方非常热情，她就交了30多元旅游费，和丈夫一起参加了一次前往萝岗某山庄的旅游。这次山庄游，店员并未销售产品，返程前，高阿姨和丈夫得知一个好消息，“中奖了，抽中了去珠海免费旅行的大奖”。2017 年 5 月下旬，道山绿色食品超市组织的珠海旅行团如期成行。高阿姨说，早上上车后她发现满车都是老人。大巴到珠海后，“道山”工作人员将老人们带到工厂参观，让我们在门口活动了一下，并没有进厂。之后，组织方带着老人们到珠海街头游玩，晚上回到酒店。晚上本来都打算回房休息，但向导说有健康专家、名医、博士会过来给我们看病，做点指导，我们就挨个去找专家看。高阿姨回忆说，当晚老人们被带到“专家”房间外，排队进去咨询。轮到高阿姨夫妇时，她发现“专家”能很准确地说出她的身体状况，包括她的心脏、脑血管、动脉硬化这种病，都讲得头头是道。讲完病情，“专家”向高阿姨兜售产品，“一款蜂胶，说是以前领导吃的，效果特别好，现在老百姓也能吃到，就是价格有点贵”。“专家”当场为高阿姨夫妇开方子，“最好一次先吃三个疗程，效果会明显一些”。据收据显示，高阿姨被兜售的这款蜂胶每盒售价 798 元，一个疗程 24 瓶，需 1.9 万元。高阿姨起初并不太愿意接受，之前自己在商场买蜂胶，一盒也就 200 元，这个差不多贵了 3 倍，还要一次性买这么多。但见同行的不少老人都下了单，最终高阿姨自己买了一个疗程、丈夫买了两个疗程的蜂胶，由于没带够钱，当晚只交了 200 元订金。返回广州后，高阿姨在道山绿色食品超市内支付了近 6 万元的货款。高阿姨说这次买蜂胶实则是“冲动消费”，“人那么累，专家一直讲，很多事又讲对了，让人不得不买”。买回来的蜂胶其实也没什么效果，高阿姨夫妇俩吃了一个疗程就不再吃了。目前还有 38 盒蜂胶在店里她没去领取，她曾多次到道山绿色食品超市淘金店要求退货，但店员说：“已经向厂家下了订单，无法退款。”而据小慧介绍，2017 年 2 月初，长期患高血压、便秘的母亲，在道山绿色食品超市广园店挑选五谷杂粮，一名销售员询问母亲“身体有什么不舒服”，还拉她聊家常，关心询问其家庭和子女情况。第二天，该销售员打电话告诉母亲“中奖了”，可以去山庄免费吃喝玩乐。小慧的母亲乘大巴和很多老人一起去参加旅游，该销售员全程热情陪同，旅游中途有一专家来开设讲座，推销一款 CUB 营养液，据说效果极其神奇，当时很多老人抢着试用，母亲表示自己当时很“精明”，晚上才找业务员去看一下营养液。业务员四顾无人后，悄悄地透露，这款营养液“经常卖断货，趁现在没人给你试 3 滴”。小慧的母亲试着滴了 3 滴，“感觉很好”。由于身上没带多少钱，小慧的母亲交了 200 元订金，预订了 36 瓶价值 26 888 元的营养液，并获得 6 瓶赠送。小慧的母亲没有将这件事和家里人商量，直接去银行取出定期存款后，去店里找销售员买营养液。销售员称“CUB 对于保鲜条件要求高，家里环境不适合大批量存放，容易坏”，没有一次性全部将营业液给她，让小慧的母亲先办一张卡，吃完再凭卡提货。小慧母亲将营养液拿回家的晚上，小慧发现母亲有点“不对劲”，说话声音特别亢奋。小慧了解到事情经过后，制止母亲继续服用，“不清楚是什么，最好不要乱吃”。过了几天，小慧陪同母亲一起去找商家退款，店长苏主任说“帮我向总部申请退款，迟点再联系”，接着连续数周都没有下文。昨日下午，小慧带着两个朋友再次前往广园店要求退款，对方同意除开过的一瓶营养液外，其余全额退款。小慧称，平时母亲生活节俭，这次是被商家洗脑才买了这么多营养液。小慧的母亲表示，将把这剩下的一瓶营养液放在身边，“提醒自己记住这个教训”。

保健食品是指表明具有特定保健功能的食品，即适宜于特定人群食用、具有调节机体功能、不以治疗疾病为目的的食品。宣称保健食品可以治疗某些疾病甚至代替药品，都属于虚假宣传，请消费者切莫上当受骗。上面几个事例中的老年人听了一番讲座，就稀里糊涂花几千元或上万元买下一堆所谓的保健品。现实中的不少老年人都有过这样的遭遇。生活中，要警惕那些通过发放传单、小礼品等方式吸引消费者参加现场讲座，以达到推销产品目的的销售行为，这些组织者通常没有固定办公场所，事后很难维权。建议不要购买只能通过邮购途径获得的产品，因为此类渠道往往事后很难追踪或维权。一定要购买的话，建议先电话咨询销售商，查询产品具体的批准文号，并尽量选择正规药品经营企业销售的品种，保存好发票，以便事后维权。查询保健食品真伪及产品信息，可登录国家食品药品监督管理总局网站 www. sda. gov. cn，首页上方即有数据查询栏，将产品外包装相关信息输入，例如：药品外包装的批准文号—国药准字××××，医疗器械外包装的批准文号—××械（准）字××第××号，保健食品外包装的批准文号—×食健字（××）第××号。初步查询后仍有疑问，可将产品外包装、说明书及其他相关资料送到辖区食品药品监督管理局鉴别。

黄秀兰老人今年 87 岁，退休前曾是浙江大学的心理学教授，她前前后后被保健品销售员坑了 40 万元。而老人现身说法，专门写了《心理健康活百岁—延缓衰老的策略》一书，用很大的篇幅，剖析老年人痴迷于保健品的心理，来拆穿保健品市场的骗局。其一，是以“免费牌”吸引上钩。保健品公司在先期推销时通常会采取免费发放日用品、赠送药物、免费义诊方式，给老年人制造不花钱就能看病、得实惠的假象。其二，是以“专家牌”强力洗脑。部分不法商家利用所谓的专家做宣传，通过专家讲座、专家义诊等形式，打消老年人的顾虑。其三，采取“亲情牌”骗取信任。一些保健品营销人员采取“温情攻势”，通过各种“话术”与老人拉近关系，一旦获得老人的联系方式、家庭情况等信息后，会表现得非常热情，不断对老人们嘘寒问暖，关心老人的疾病，通过逐步的交流来骗取老年人的信任和钱财。

在保健品销售骗局中，老年人为何总是“受伤”的那位？究其原因，第一，老人对死亡的恐惧。大部分老人身体机能下降，身边同龄老人的因病离世，往往对死亡更加恐惧，也更加关注健康。因此，不法分子往往会编造或夸大老人病情，利用老人的恐慌达到销售目的。第二，辨识能力不足。不少老年人的知识结构跟不上社会发展节奏，往往选择盲从。对于所谓“权威”的专家声音更是深信不疑。一旦观念形成，很难再去信任和听取不同声音。这就是为什么老年人不听子女劝告，孤注一掷购买保健品的原因。第三，“空巢”老人的亲情难寻。目前我国城乡老年家庭空巢率已近50%，有的大中城市甚至达到70%。子女不在身边，缺乏亲情关怀，使老人极易中招，陷入“温柔陷阱”。老人在推销人员那里获得了被关怀的心理满足，自愿放松对风险的警惕。